U0727286

参加编写人员（以姓氏笔画为序）

王丹丹　刘　诚　邵　哲
梁　杰　隋　爽　蒋德启

小企业会计准则

SMALL BUSINESS ACCOUNTING STANDARDS
INTERPRETATION AND APPLICATION

释义与运用

蒋德启　刘 诚◎主编

中国发展出版社
CHINA DEVELOPMENT PRESS

图书在版编目（CIP）数据

小企业会计准则释义与运用/蒋德启，刘诚主编. —北京：中国发展出版社，2012.2

ISBN 978－7－80234－749－6

Ⅰ. 小… Ⅱ.①蒋… ②刘… Ⅲ. 中小企业—会计制度—中国 Ⅳ. F279.243

中国版本图书馆 CIP 数据核字（2011）第 271853 号

书　　　名：小企业会计准则释义与运用
主　　　编：蒋德启　刘　诚
出 版 发 行：中国发展出版社
　　　　　　（北京市西城区百万庄大街 16 号 8 层　100037）
标 准 书 号：ISBN 978－7－80234－749－6
经 销 者：各地新华书店
印 刷 者：明恒达印务有限公司
开　　　本：720×1000mm　1/16
印　　　张：16.25
字　　　数：270 千字
版　　　次：2012 年 2 月第 1 版
印　　　次：2012 年 2 月第 1 次印刷
定　　　价：32.00 元
咨 询 电 话：(010) 68990642　68990692
购 书 热 线：(010) 68990682　68990686
网　　　址：http://www.develpress.com.cn
电 子 邮 件：fazhanreader@163.com
　　　　　　fazhan02@drc.gov.cn

版权所有·翻印必究

本社图书若有缺页、倒页，请向发行部调换

前 言

中小企业一直在经济中占有重要地位。根据我国中小企业协会的统计，我国中小企业数量占所有企业数量的99.74%，吸收从业人数的比例为86.30%，营业收入的比例为72.66%，资产规模的比例为72.33%。因此，加强中小企业的管理与会计核算非常重要。

我国于2006年2月15日发布了《企业会计准则》，包括1项基本准则和38项具体准则，以及会计准则应用指南和解释（目前已发布4项解释）。该套准则实现了与国际财务报告准则的持续趋同。但对于中小企业特别是小型企业和微型企业来说，这套准则的内容过于庞杂，业务处理也比较复杂，会计准则存在"超载"现象，增加了小型企业的运行成本。同时世界许多国家或组织也对中小企业的会计准则予以了充分关注，2009年7月，国际会计准则理事会（IASB）发布了《中小主体国际财务报告准则》。基于此，我国于2011年10月18日发布了《小企业会计准则》。

《小企业会计准则》是贯彻落实《中华人民共和国中小企业促进法》、《国务院关于进一步促进中小企业发展的若干意见》（国发〔2009〕36号）等有关法规政策的重要举措，有利于加强小企业内部管理，促进小企业又好又快发展；有利于加强小企业税收征管，促进小企业税负公平；有利于加强小企业贷款管理，防范小企业贷款风险。众多小企业也将以贯彻实施《小企业会计准则》为契机，全面提升内部管理水平和会计核算水平。这样，就急需一本对《小企业会计准则》进行详细解读的书籍。

本书基于《小企业会计准则》的内容及小企业的会计实务，对小企业实施《小企业会计准则》中的具体会计核算进行了详细论述，具有内容全面、实用性强的特点。适用于广大中小企业财务人员、会计师事务所从业人员、管理咨询机构从业人员，也可以作为大专院校师生学习《小企业会计准则》的参考教材。

由于时间仓促，加之编者水平有限，书中疏漏之处在所难免，欢迎广大读者和同行批评指正。

编　者

2011 年 12 月

Contents

目 录

第 *1* 章
中小企业概述

1.1　企业的一般概念

企业是依法设立的、以营利为目的、从事生产经营活动的独立核算的经济组织。一般情况下，企业具有如下特征：

（1）企业是社会经济组织。企业作为社会经济的一个重要组成部分，主要从事经济活动。它是一定人员和一定财产的一种组合形式。

（2）企业是以营利为目的、从事生产经营活动的经济组织。以营利为目的是指企业从事生产、经营或者提供劳务都是为了获取利润；企业从事生产经营活动是指创造社会财富和提供服务的活动。

（3）企业是实行独立核算的社会经济组织。核算是对企业发生的经济业务事项进行确认、计量、记录、报告的过程。实行独立核算是指企业根据市场需要自主经营、自负盈亏、自我发展，能够对经济业务事项做出全面反映和控制。

（4）企业是依法设立的社会经济组织。企业是依法设立的，所以可取得相应的法律地位。企业的法律地位分为两种：一种是法人企业，一种是非法人企业。我国企业设立的法律形式如表1-1所示。

表 1-1　　　　　　　　我国企业设立的法律形式

法律形式	法律依据	法律实施时间
个人独资企业	个人独资企业法	2000 年 1 月 1 日起实施
合伙企业/有限（责任）合伙企业	合伙企业法	2007 年 6 月 1 日起实施

法律形式	法律依据	法律实施时间
股份合作制企业	《乡镇企业法》、《乡村集体所有制企业条例》、《城镇集体所有制企业条例》	《乡镇企业法》1997 年 1 月 1 日起实施
一人公司	《公司法》	2006 年 1 月 1 日起实施
有限责任公司	《公司法》	1994 年 7 月 1 日起实施
股份有限公司	《公司法》	1994 年 7 月 1 日起实施

按照一定的标准，可以把企业分为大型企业、中型企业、小型企业和微型企业（后三者合称中小企业）。

1.2 世界各国关于中小企业的概念

一般来说，世界上主要国家或地区对中小企业概念的界定，主要从"质"的规定和"量"的规定两个方面进行展开。表 1－2 列示了 44 个国家或地区①在选用界定标准方面的统计数据。

表 1－2　　　　　　　　　不同国家或地区选用界定标准统计表

选用标准	选用指标	选用该标准或指标的国家或地区数	所占比例（％）
"质"的标准	(1) 企业独立所有 (2) 不能从资本市场直接筹集资本 (3) 市场份额小而且在行业中不占支配地位等	6	13.64

---

① 这 44 个国家或地区分别是：美国、加拿大、墨西哥、巴西、智利、阿根廷、委内瑞拉、哥伦比亚、欧盟、德国、英国、法国、意大利、奥地利、荷兰、比利时、爱尔兰、瑞士、西班牙、葡萄牙、希腊、丹麦、挪威、瑞典、芬兰、保加利亚、土耳其、以色列、日本、韩国、新加坡、中国台湾、中国香港、泰国、马来西亚、菲律宾、印度尼西亚、文莱、印度、尼泊尔、巴基斯坦、孟加拉、斯里兰卡、澳大利亚。

选用标准	选用指标	选用该标准或指标的国家或地区数	所占比例（%）
"量"的标准	（1）雇员人数	41	93.18
	（2）资产（资本）份额	15	34.09
	（3）营业额	12	27.27
选用定量标准		44	100

资料来源：林汉川，魏中奇：《中小企业发展的国别比较》，中国财政经济出版社2001年版；转引自：孙光国：《中小企业会计准则问题研究》，东北财经大学出版社2009年版。

世界上主要国家对中小企业的界定如表1-3所示。

表1-3　　　　　　　　　世界上主要国家对中小企业的界定

国家	"质"的标准	"量"的标准
美国	1953年美国《小企业法》规定：凡是独立所有和经营，并在所属行业中不具有支配地位的企业为小企业。此后，美国经济发展委员会进一步提出四项限定条件：①企业的所有者同时也是企业的经营者；②企业的资本由一个人或少数几个人提供；③企业产品的销售范围主要限于企业的当地；④与同行业的大企业相比，这个企业属于小企业	①制造业雇员人数少于200~1500人；②零售业年营业额少于200万~800万美元，批发业年营业额少于950万~2200万美元，建筑业年营业额少于100万~950万美元，农业年营业额少于100万美元
英国	英国博尔顿委员会1971年在《小企业报告》中对小企业所下定义为：小企业是由业主管理或部分业主管理的、占有较小市场份额的独立的企业。它所具有的特征为：①占有较小的市场份额；②没有定型的管理机构；③不受母公司控制，有决策的自由	制造业雇员人数少于200人；建筑业、矿业雇员人数少于20人；零售业年销售额在18.5万英镑以下；批发业年销售额在73万英镑以下
加拿大		对小企业的量化标准为：①加拿大独立企业协会规定雇员不超过20人的独立私人公司；②加拿大联邦实业开发银行规定年销售额低于200加元的公司；③加拿大出口发展公司规定年销售额在500加元以下的为小企业，500~2500加元的为中等企业
法国		制造业、服务业从业人数在11~500人，手工业从业人数在10人以下的为中小企业

国家	"质"的标准	"量"的标准
澳大利亚	澳大利亚威兹舍尔委员会规定中小企业是指在一个企业中仅需一个或两个人,不需要内部专业人士帮助对企业的财务、会计、人事、购货、生产或服务、市场、销售等所有的关键管理活动做出决策的企业。澳大利亚国会下属的工业与科技常委会对中小企业的定义如下。中小企业一般具有如下特征:被独立拥有或经营;由业主或经理控制,且由其提供绝大多数营运资金;企业主要决策由业主经理提供	澳大利亚公司法规定,小企业至少符合以下两个条件:总资产小于500万澳元,销售收入小于1亿澳元,雇员少于50人;澳大利亚统计局的标准为制造业雇员少于100人,非制造业雇员少于20人
国际会计准则理事会	中小主体就是这样的主体:不负有公众受托责任;并且向外部使用者公布通用财务报表。外部使用者包括诸如不参与管理业务的所有者、现有或潜在的债权人以及信用评级机构等	

资料来源:孙光国:《中小企业会计准则问题研究》,东北财经大学出版社 2009 年版;国际会计准则理事会:《中小主体国际财务报告准则 2009》,中国财政经济出版社 2010 年版。

从以上可以看出,世界各国对中小企业概念的认识非常不统一,即使是一个国家或地区,不同的部门给出的定义或标准也不同。

1.3　我国对中小企业的界定

2002 年,我国颁布了《中华人民共和国中小企业促进法》(2002 年 6 月 29 日第九届全国人民代表大会常务会员会第二十八次会议通过,自 2003 年 1 月 1 日起实施),该法规定中小企业是指在中华人民共和国境内依法设立的有利于满足社会需要,增加就业,符合国家产业政策,生产经营规模属于中小型的各种所有制和各种形式的企业。该定义并没有给出中小企业的实质概念,而仅仅是规定《中小企业促进法》的适用范围。同时还规定,中小企业的划分标准由国务院负责企业工作的部门根据企业职工人数、销售额、资产总额等指标,结合行业特点制定,报国务院批准。

2003 年 2 月 29 日,国家经济贸易委员会(现商务部)、国家发展计划委员会(现国家发展与改革委员会)、财政部、国家统计局联合发布《中小企业标准暂行规定》（国经贸中小企〔2003〕143号），规定中小企业的界定标准如表1-4所示。

表1-4　　　　　　　　　　　我国中小企业的界定标准

行　业		中型企业			小型企业		
		职工人数 （人）	销售额 （万元）	资产总额 （万元）	职工人数 （人）	销售额 （万元）	资产总额 （万元）
工　业		300~2 000	3 000~30 000	4 000~40 000	300 以下	3 000 以下	4 000 以下
建筑业		600~3 000	3 000~30 000	4 000~40 000	600 以下	3 000 以下	4 000 以下
批发和 零售业	零售业	100~500	1 000~15 000		100 以下	1 000 以下	
	批发业	100~200	3 000~30 000		100 以下	3 000 以下	
交通运输 和邮政业	交通运输业	500~3 000	3 000~30 000		500 以下	3 000 以下	
	邮政业	400~1 000	3 000~30 000		400 以下	3 000 以下	
住宿和餐饮业		400~800	3 000~15 000		400 以下	3 000 以下	

上述两部法律法规是从量的方面对中小企业的标准进行界定的。根据中国中小企业协会2007年的统计数据，我国中小企业数量占所在行业企业的数量的比例为99.74%，吸收从业人数的比例为86.3%，营业收入的比例为72.66%，资产规模的比例为72.33%。具体资料如表1-5、1-6所示。

表1-5　　　　　　　　　　　我国中小企业行业分布

行业门类	数量（个）	从业人数（万）	营业收入（亿元）	资产规模（亿元）
工业	1 448 808	8 245.62	166 693.3	149 930.31
建筑业	127 756	2 440.66	26 911.34	23 991.39
批发和零售业	882 023	1 238.59	52 415.39	90 541.03
交通运输和邮政业	63 663	443.37	17 193.64	6 979.43
住宿和餐饮业	91 726	407.67	6 619.99	2 794.14
合计	2 613 976	12 775.91	269 833.66	274 236.3

资料来源：中国中小企业协会：《中国中小企业蓝皮书（2007-2008）》，中国发展出版社2008年版。

表1-6　　　　　　　　　我国中小企业占行业企业的比例　　　　　　　单位：%

行业门类	单位数	从业人数	营业收入	资产规模
工业	99.74	73.06	56.46	53.44
建筑业	99.67	87.41	84.72	79.41
批发和零售业	99.82	89.6	84.27	80.9
交通运输和邮政业	96.79	81.79	74.01	76.08

行业门类	单位数	从业人数	营业收入	资产规模
住宿和餐饮业	99.92	96.05	95.72	90.96
合计	99.74	86.3	72.66	72.33

资料来源：中国中小企业协会《中国中小企业蓝皮书（2007—2008）》，中国发展出版社2008年版。

上述标准存在着如下不足：一是对各类行业在指标上采取"一刀切"。该标准对各类行业同时采用职工人数、销售收入和资产三个指标进行划分，存在"一刀切"问题，不能真实反映不同行业的特点和状况。二是标准门槛有待调整。该标准实施至今已有8年，随着科技进步和劳动生产率的提高，部分标准门槛已与现实状况不符，如中型企业划型标准中，销售收入标准上限偏低，人数标准偏高。三是标准涵盖的行业不全。该标准对工业、建筑业、批发和零售业、交通运输和邮政业、住宿和餐饮业等行业进行了划分，未包括房地产业、租赁和商务服务业、信息传输业、软件和信息技术服务业等行业。四是缺乏微型企业标准。该标准只有中型和小型，没有微型企业。

基于此，2011年6月11日，工业和信息化部、国家统计局、国家发展和改革委员会与财政部联合发布《中小企业划型标准规定》（工信部联企业〔2011〕300号），将中小企业划分为中型、小型、微型三种类型，具体标准根据企业从业人员、营业收入、资产总额等指标，结合行业特点制定。具体标准如表1-7所示。

表1-7　　　　　　　　我国目前中小企业的界定标准

行　业	总原则	中型企业	小型企业	微型企业
农、林、牧、渔业	营业收入20 000万元以下的为中小微型企业	营业收入500万元及以上营业收入50万元及以上	营业收入50万元以下	
工业	从业人员1 000人以下或营业收入40 000万元以下的为中小微型企业	从业人员300人及以上，且营业收入2 000万元及以上	从业人员20人及以上，且营业收入300万元及以上	从业人员20人以下或营业收入300万元以下
建筑业	营业收入80 000万元以下或资产总额80 000万元以下的为中小微型企业	营业收入6 000万元及以上，且资产总额5 000万元及以上	营业收入300万元及以上，且资产总额300万元及以上	营业收入300万元以下或资产总额300万元以下

行　业	总原则	中型企业	小型企业	微型企业
批发业	从业人员200人以下或营业收入40 000万元以下的为中小微型企业	从业人员20人及以上，且营业收入5 000万元及以上	从业人员5人及以上，且营业收入1 000万元及以上	从业人员5人以下或营业收入1 000万元以下
零售业	从业人员300人以下或营业收入20 000万元以下的为中小微型企业	从业人员50人及以上，且营业收入500万元及以上	从业人员10人及以上，且营业收入100万元及以上	从业人员10人以下或营业收入100万元以下
交通运输业	从业人员1 000人以下或营业收入30 000万元以下的为中小微型企业	从业人员300人及以上，且营业收入3 000万元及以上	从业人员20人及以上，且营业收入200万元及以上	从业人员20人以下或营业收入200万元以下
仓储业	从业人员200人以下或营业收入30 000万元以下的为中小微型企业	从业人员100人及以上，且营业收入1 000万元及以上	从业人员20人及以上，且营业收入100万元及以上	从业人员20人以下或营业收入100万元以下
邮政业	从业人员1 000人以下或营业收入30 000万元以下的为中小微型企业	从业人员300人及以上，且营业收入2 000万元及以上	从业人员20人及以上，且营业收入100万元及以上	从业人员20人以下或营业收入100万元以下
住宿业	从业人员300人以下或营业收入10 000万元以下的为中小微型企业	从业人员100人及以上，且营业收入2 000万元及以上	从业人员10人及以上，且营业收入100万元及以上	从业人员10人以下或营业收入100万元以下
餐饮业	从业人员300人以下或营业收入10 000万元以下的为中小微型企业	从业人员100人及以上，且营业收入2 000万元及以上	从业人员10人及以上，且营业收入100万元及以上	从业人员10人以下或营业收入100万元以下
信息传输业	从业人员2 000人以下或营业收入100 000万元以下的为中小微型企业	从业人员100人及以上，且营业收入1 000万元及以上	从业人员10人及以上，且营业收入100万元及以上	从业人员10人以下或营业收入100万元以下

行　业	总原则	中型企业	小型企业	微型企业
软件和信息技术服务业	从业人员300人以下或营业收入10 000万元以下的为中小微型企业	从业人员100人及以上，且营业收入1 000万元及以上	从业人员10人及以上，且营业收入50万元及以上	从业人员10人以下或营业收入50万元以下
房地产开发经营	营业收入200 000万元以下或资产总额10 000万元以下的为中小微型企业	营业收入1 000万元及以上，且资产总额5 000万元及以上	营业收入100万元及以上，且资产总额2 000万元及以上	营业收入100万元以下或资产总额2 000万元以下
物业管理	从业人员1 000人以下或营业收入5 000万元以下的为中小微型企业	从业人员300人及以上，且营业收入1 000万元及以上	从业人员100人及以上，且营业收入500万元及以上	从业人员100人以下或营业收入500万元以下
租赁和商务服务业	从业人员300人以下或资产总额120 000万元以下的为中小微型企业	从业人员100人及以上，且资产总额8 000万元及以上	从业人员10人及以上，且资产总额100万元及以上	从业人员10人以下或资产总额100万元以下
其他未列明行业	从业人员300人以下的为中小微型企业	从业人员100人及以上的为中型企业	从业人员10人及以上	从业人员10人以下

资料来源：根据《中小企业划型标准规定》（工信部联企业［2011］300号）整理。

1.4　我国对小企业的界定

如上所述，我国在相关法规中将中小企业进一步分为中型企业、小型企业和微型企业，但在数据统计上，一般都按中小企业进行统计，没有进一步分类。财政部于2004年发布《小企业会计制度》，于2011年又发布了《小企业会计准则》，均单独使用了"小企业"的概念。

1.《小企业会计制度》对小企业的界定

《小企业会计制度》规定，该制度适用于在中华人民共和国境内设立的不对外筹集资金、经营规模较小的企业，这对小企业分别从"质"和"量"两个标准进行了界定。所谓不对外筹资，是指不公开发行股票或债券；所谓经营规模较小，是指符合国经贸中小企〔2003〕143 号中界定的小企业。同时又明确规定，不包括个人独资及合伙形式设立的小企业，即采用《小企业会计制度》的小企业必须是法人企业。

2.《小企业会计准则》对小企业的界定

2011 年发布的《小企业会计准则》规定，小企业是在我国境内设立的、符合《中小企业划型标准规定》所规定的小型企业标准的企业（具体标准见表 1 - 7 中的小型企业标准），基本采用了量化标准来界定小企业。

1.5 中小企业的会计特性

与大型企业相比，中小企业一般具有如下特点：
- 规模小，经济活动过程简单；
- 经营上比较灵活，形式多样，量大面广；
- 融资能力差，资本、技术构成低；
- 管理效率较低，人才缺乏，竞争力弱，抗风险能力差；
- 业主参与企业劳动与经营等（林汉川等，2001）。

受这些特点的影响，中小企业会计具有如下特性（杨松令，2004）：①会计管理主体与产权主体一致，会计管理工作由业主负责；②会计管理内容比较简单；③由于管理人员专业知识水平有限，会计管理方法的运用受到限制；④会计管理工作规范性差；⑤需要相对简化的会计核算和报告模式。

第2章
小企业会计准则基本理论

2.1 企业会计准则与小企业会计准则

对于会计准则的概念，学者们有不同的见解，主要观点有：

（1）会计准则是关于一般通用的会计规则的公共合约；

（2）会计准则是为实现财务报告目标而约定的一种技术手段；

（3）会计准则是政治程序的产物。

一般而言，可从以下三个方面总体把握"会计准则"的内涵（王军，2006）：第一，会计准则是反映经济活动、确认产权关系、规范收益分配的会计技术标准，是生成和提供会计信息的重要依据；第二，会计准则是资本市场的一种重要游戏规则，是实现社会资源优化配置的重要依据；第三，会计准则是国家社会规范乃至强制性规范的重要组成部分，是政府干预经济活动、规范经济秩序和从事国际经济交往等的重要手段。

企业会计准则是会计准则的重要组成部分。自1992年财政部发布《企业会计准则》之后，2006年2月15日发布了完整的企业会计准则体系。该体系由三部分内容构成：一是基本准则，主要规范会计目标、会计假设、会计信息质量要求、会计要素的确认、计量和报告原则等。基本准则的作用是指导具体准则的制定和为尚未有具体准则规范的会计实务问题提供处理原则。二是38项具体准则，主要规范企业发生的具体交易或事项的会计处理。三是会计准则应用指南及解释，主要包括具体准则解释和会计科目、主要账务处理等，为企业执行会计准则提供操作性规范。这三项内容既相对独立，又互为关联，构成统一整体。

企业会计准则的发布与实施对我国的经济社会发展具有重要的理论和实践价值。目前我国的全部上市公司、绝大多数的国有企业均实施了企业会计准则。我国的企业会计准则与国际财务报告准则实现了持续趋同，是一套比较完善的会计准则。但对于中小企业特别是小型企业和微型企业来说，这套准则的内容过于庞杂，业务处理也比较复杂，会计准则存在"超载"现象。因此，区别运用准则，即让不同层次的实体适用不同的准则而实行差别报告制度可能会成为一种解决会计准则"超载"现象的办法，小企业会计准则的制定则是一种较好的选择。

2.2　国际上主要国家或组织的中小企业会计准则

在国际上，对中小企业会计准则的制定模式主要有一体法和分立法。一体法是指在一个会计准则框架下考虑和处理中小企业问题，并且在准则中提供报告豁免条款的办法，美国、加拿大、澳大利亚、新西兰、马来西亚、中国香港就是采用这种方法；分立法是单独制定一个会计准则，英国、斯里兰卡、国际会计准则理事会、联合国国际会计和报告标准政府间专家组（简称 ISAR）、中国则采用这种方法。比较这两种方法，从短期看，分立法比较理想；但从长远看，一体法更可取（戴维·苏塞娜，2004）。鉴于我国目前的实际情况，采用分立法比较合适。

国际上主要国家或组织的中小企业会计准则比较如表 2-1 所示。

表 2-1　　　　国际上主要国家或组织的中小企业会计准则比较

国家或组织名称	准则名称	发布时间	主要内容
国际会计准则理事会	中小主体国际财务报告准则	2009 年 7 月	包括财务报告准则（共 35 章）、结论基础和解释性财务报表以及列报与披露一览表
英国会计准则委员会	小型报告主体财务报告准则	1997 年 11 月（至 2007 年已修订 5 次）	主要包括目的、标准会计实务公告、定义和自愿披露四部分
联合国国际会计和报告标准政府间专家组	中小型企业会计和财务报告准则	2003 年颁布了第二、第三级企业准则	专家组将企业分为三级：大的中小企业、小型企业、微型企业。第一层次的企业使用完整的国际财务报告准则；第二层次的企业使用从完整的国际财务报告准则中衍生出来的简化的指南，涉及中小企业经常遇到的一些交易；第三层次的企业应用的是简单的权责发生制会计

国家或组织名称	准则名称	发布时间	主要内容
美国			没有专门的会计准则，但提出了差别报告的思路，财务会计准则委员会下设立了小企业咨询委员会
澳大利亚			没有专门的会计准则，根据是否存在以财务报告进行决策的用户分为财务报告主体和非财务报告主体。非财务报告主体没有必要根据会计准则编制一般目的财务报告
加拿大			2002 年 2 月，加拿大会计准则委员会发布了针对小企业的第 1300 号会计准则《差别报告》。该准则规定非公开企业可以按公认会计准则编制财务报告时选择使用一些特定条款

资料来源：根据相关资料整理。

2.3　我国小企业会计核算准则（制度）沿革

2004 年以前，我国在会计准则或会计制度建设方面，没有充分考虑中小企业会计的特殊性，但也针对一些特殊的主体制定了不同的会计规范，比如 1996 年发布、自 1997 年 1 月 1 日起执行的《个体工商户会计制度》等。2000～2006 年，我国在零星颁布具体会计准则的同时，采用会计制度与会计准则并存的方式。财政部于 2001 年颁布《企业会计制度》，2002 年颁布《金融企业会计制度》，2004 年颁布《小企业会计制度》，至此会计制度体系基本建成。2006 年，我国企业会计准则体系建立，会计制度模式将被取消，2011 年 10 月 18 日财政部发布了《小企业会计准则》。这样，会计准则体系也基本建立了起来。

2.4　我国小企业会计核算准则制定的背景

1. 制定小企业会计准则是加强小企业管理、促进小企业发展的重要制度安排

小企业是我国国民经济和社会发展的重要力量，加强小企业管理、促进小企业发展是保持国民经济平稳较快发展的重要基础，是关系民生和社会稳定的重大战略任务。中央高度重视支持小企业发展，先后于 2003 年出台《中小企业促进法》、2005 年出台《鼓励支持和引导个体私营等非公有制经济发展的若干意见》（国发［2005］3 号），特别是 2009 年 9 月，国务院印发《国务院关于进一步促进

中小企业发展的若干意见》（国发［2009］36号），提出了进一步扶持中小企业发展的综合性政策措施。小企业会计准则是落实国发36号文件精神、加强小企业管理、促进小企业发展的重要制度安排。

2. 制定小企业会计准则是加强税收征管、防范金融风险的重要制度保障

按税法要求，税务部门对企业应采用查账方式征收企业所得税。但据调查，当前有相当一部分的企业实行核定征收方式，其中小企业占大部分，会计信息质量不高是重要原因之一。同时，与其他企业不同，银行在对小企业贷款管理中，更多依赖的不是小企业的财务报表，会计信息质量不高也是重要原因之一。税务部门认为，小企业会计准则有助于查账征税、提高税收征管质量、实现公平税负，同时规范小企业的会计工作。银行监管部门认为，小企业的财务报表应当成为商业银行贷款的重要依据，小企业会计准则是保证小企业会计信息质量、加强银行对小企业贷款风险管理的重要制度保障。因此，他们一致提出要加快小企业会计准则制定步伐。

3. 制定小企业会计准则是健全企业会计标准体系、规范小企业会计行为的重要制度基础

我国于2006年建成的企业会计准则体系自2007年1月1日起在我国上市公司和非上市大中型企业有效实施，得到了国内、国际社会的普遍认可，但这套准则体系的实施范围不包括小企业。现行小企业会计制度是2004年制定的，相关内容早已过时，实际工作中无所适从。同时，国际会计准则理事会于2009年7月制定发布了《中小主体国际财务报告准则》，引起了国际社会的广泛关注。为此，我国应当制定小企业会计准则。

2.5　我国制定小企业会计准则的思路和原则

制定小企业会计准则应当立足国情，借鉴中小主体国际财务报告准则简化要求，同时与我国税法保持协调，并有助于银行等债权人提供信贷，注重三个结合。

1. 遵循基本准则与简化要求相结合

按照我国企业会计改革的总体框架，基本准则是纲，适用于在中华人民共和国境内设立的所有企业；企业会计准则和小企业会计准则是基本准则框架下的两个子系统，分别适用于大中型企业和小企业。小企业会计准则应当按照基本准则，规范小企业会计确认计量报告要求。但考虑到我国小企业规模小、业务简单、会计基础工作较为薄弱、会计信息使用者的信息需求相对单一等实际情况，小企业会计准则应当简化要求。我国小企业会计准则注意了这两个方面的结合。比如，在会计计量方面，要求小企业采用历史成本计量。

2. 满足税收征管信息需求与有助于银行提供信贷相结合

小企业外部会计信息使用者主要为税务部门和银行。税务部门主要利用小企业会计信息做出税收决策，包括是否给予税收优惠政策、采取何种征税方式、应征税额等，他们更多希望减少小企业会计与税法的差异；银行主要利用小企业会计信息做出信贷决策，他们更多希望小企业按照国家统一的会计准则制度提供财务报表。为满足这些主要会计信息使用者的需求，我国小企业会计准则减少了职业判断的内容，基本消除了小企业会计与税法的差异。

3. 和企业会计准则合理分工与有序衔接相结合

小企业会计准则和企业会计准则虽适用范围不同，但适应小企业发展壮大的需要，又要相互衔接，从而发挥会计准则在企业发展中的政策效应。为此，我国小企业会计准则要求，对于小企业非经常性发生的、甚至基本不可能发生的交易或事项，一旦发生，可以参照企业会计准则的规定执行；对于小企业今后公开发行股票或债券的，或者因经营规模或企业性质变化导致连续 3 年不符合小企业标准而成为大中型企业或金融企业的，应当转为执行企业会计准则；小企业转为执行企业会计准则时，应当按照《企业会计准则第 38 号——首次执行企业会计准则》等相关规定进行会计处理。

2.6　我国小企业会计准则的适用范围

我国的《小企业会计准则》适用于准则中明确规定的小企业，同时符合《中小企业划型标准规定》所规定的微型企业标准的企业参照本准则。

但必须明确，符合条件的小企业可以按照本准则进行会计处理，也可以选择执行《企业会计准则》。同时，需要注意以下特殊事项：

（1）执行《小企业会计准则》的小企业，发生的交易或者事项本准则未作规范的，可以参照《企业会计准则》中的相关规定进行处理。

（2）执行《企业会计准则》的小企业，不得在执行《企业会计准则》的同时，选择执行《小企业会计准则》的相关规定。

（3）执行《小企业会计准则》的小企业公开发行股票或债券的，应当转为执行《企业会计准则》；因经营规模或企业性质变化导致不符合小企业标准而成为大中型企业或金融企业的，应当从次年1月1日起转为执行《企业会计准则》。

（4）已执行《企业会计准则》的上市公司、大中型企业和小企业，不得转为执行《小企业会计准则》。

执行《小企业会计准则》的小企业转为执行《企业会计准则》时，应当按照《企业会计准则第38号——首次执行企业会计准则》等相关规定进行会计处理。

此外，小企业应当根据会计业务的需要设置会计机构，或者在有关机构中设置会计人员并指定会计主管人员；不具备设置条件的，应当委托经批准设立从事会计代理记账业务的中介机构代理记账。

小企业填制会计凭证、登记会计账簿、管理会计档案等，应当按照《会计基础工作规范》和《会计档案管理办法》的规定执行。

2.7　小企业会计准则的基础理论

小企业会计准则依然是以《企业会计准则——基本准则》为基础的，因此，其基础理论与企业会计准则基本一致。财务会计的基础理论主要包括财务报告目标、会计基本假设、会计基础、会计信息质量要求、会计要素及其确认与计量、财务报表等。

1. 企业财务报告目标

我国企业财务报告的目标是向财务报告使用者提供与企业财务状况、经营成果和现金流量等有关的会计信息，反映企业管理层受托责任履行情况，有助于财务报告使用者做出经济决策。财务报告使用者主要包括投资者、债权人、政府及其有关部门和社会公众等。满足投资者的信息需要是企业财务报告编制的首要出发点。

财务报告目标要求满足投资者等财务报告使用者决策的需要，体现为财务报告的决策有用观；财务报告目标要求反映企业管理层受托责任的履行情况，体现为财务报告的受托责任观。财务报告的决策有用观和其受托责任观是统一的，投资者出资委托企业管理层经营，希望获得更多的投资回报，实现股东财富的最大化，从而进行可持续投资；企业管理层接受投资者的委托从事生产经营活动，努力实现资产安全完整，保值增值，防范风险，促进企业可持续发展，更好地持续履行受托责任，为投资者提供回报，为社会创造价值，从而构成企业经营者的目标。由此可见，财务报告的决策有用观和受托责任观是有机统一的。

与大中型企业相比，小企业会计管理主体与产权主体一般是一致的，因此其管理者与投资人也基本是一致的。同时，小企业的外部财务报告使用者主要为税务部门和银行。

2. 会计基本假设

会计基本假设是企业会计确认、计量和报告的前提，是对会计核算所处时间、空间环境等所做的合理设定。会计基本假设包括会计主体、持续经营、会计分期和货币计量。

（1）会计主体。会计主体是指企业会计确认、计量和报告的空间范围。为了向财务报告使用者反映企业财务状况、经营成果和现金流量，提供与其决策有用的信息，会计核算和财务报告的编制应当反映特定对象的经济活动，才能实现财务报告的目标。

（2）持续经营。持续经营是指在可以预见的将来，企业将会按当前的规模和状态继续经营下去，不会停业，也不会大规模削减业务。在持续经营前提下，会计确认、计量和报告应当以企业持续、正常的生产经营活动为前提。

（3）会计分期。会计分期是指将一个企业持续经营的生产经营活动划分为一个个连续的、长短相同的期间。会计分期的目的，在于通过会计期间的划分，将持续经营的生产经营活动划分成连续、相等的期间，据以结算盈亏，按期编报财务报告，从而及时向财务报告使用者提供有关企业财务状况、经营成果和现金流量的信息。

（4）货币计量。货币计量是指会计主体在财务会计确认、计量和报告时以货币作为计量尺度，反映会计主体的生产经营活动。

3. 会计基础

企业会计的确认、计量和报告应当以权责发生制为基础。权责发生制基础要求，凡是当期已经实现的收入和已经发生或应当负担的费用，无论款项是否收付，都应当作为当期的收入和费用，计入利润表；凡是不属于当期的收入和费用，即使款项已在当期收付，也不应当作为当期的收入和费用。

4. 会计信息质量要求

会计信息质量要求是对企业财务报告中所提供高质量会计信息的基本规范，是财务报告中所提供的会计信息对投资者等使用者决策有用应具备的基本特征，根据基本准则规定，它包括可靠性、相关性、可理解性、可比性、实质重于形式、重要性、谨慎性和及时性等。其中，可靠性、相关性、可理解性和可比性是会计信息的首要质量要求，是企业财务报告中所提供会计信息应具备的基本质量特征；实质重于形式、重要性、谨慎性和及时性是会计信息的次级质量要求，是对可靠性、相关性、可理解性和可比性等首要质量要求的补充和完善。

（1）可靠性。可靠性要求企业应当以实际发生的交易或者事项为依据进行确认、计量和报告，如实反映符合确认和计量要求的各项会计要素及其他相关信息，保证会计信息真实可靠、内容完整。可靠性取决于三个因素：真实性、可核性、中立性。

（2）相关性。相关性要求企业提供的会计信息应当与投资者等财务报告使用者的经济决策需要相关，有助于投资者等财务报告使用者对企业过去、现在或者未来的情况做出评价或者预测。相关性取决于三个因素：预测价值、反馈价值、及时性。

（3）可理解性。可理解性要求企业提供的会计信息应当清晰、明了，便于投资者等财务报告使用者理解和使用。

（4）可比性。可比性要求企业提供的会计信息应当相互可比。这主要包括两层含义：同一企业不同时期可比，不同企业相同会计期间可比。

（5）实质重于形式。实质重于形式要求企业应当按照交易或者事项的经济实质进行会计确认、计量和报告，不仅仅以交易或者事项的法律形式为依据。

在多数情况下，企业发生的交易或事项的经济实质和法律形式是一致的，但在有些情况下也会出现不一致。例如，企业按照销售合同销售商品但又签订了售后回购协议，虽然从法律形式上看实现了收入，但如果企业没有将商品所有权上的主要风险和报酬转移给购货方，没有满足收入确认的各项条件，即使签订了商品销售合同或者已将商品交付给购货方，也不应当确认销售收入。

（6）重要性。重要性要求企业提供的会计信息应当反映与企业财务状况、经营成果和现金流量有关的所有重要交易或者事项。

财务报告中提供的会计信息一旦省略或者错报，就会影响投资者等使用者据此做出决策的，该信息就具有重要性。重要性的应用需要依赖职业判断，企业应当根据其所处环境和实际情况，从项目的性质和金额大小两方面加以判断。

（7）谨慎性。谨慎性要求企业对交易或者事项进行会计确认、计量和报告时保持应有的谨慎，不应高估资产或者收益、低估负债或者费用。谨慎性的应用不允许企业设置秘密准备。

（8）及时性。及时性要求企业对于已经发生的交易或者事项，应当及时进行确认、计量和报告，不得提前或者延后。

及时性包括三个方面：一是要求及时收集会计信息，即在经济交易或者事项发生后，及时收集整理各种原始单据或者凭证；二是要求及时处理会计信息，即按照会计准则的规定，及时对经济交易或者事项进行确认或者计量，并编制财务报告；三是要求及时传递会计信息，即按照国家规定的有关时限，及时地将编制的财务报告传递给财务报告使用者，便于其及时使用和决策。

5. 会计要素及其确认

会计要素是根据交易或者事项的经济特征所确定的财务会计对象的基本分类。基本准则规定，会计要素按照其性质分为资产、负债、所有者权益，收入、费用和利润。其中，资产、负债和所有者权益要素侧重于反映企业的财务状况，收入、费用和利润要素侧重于反映企业的经营成果。

（1）资产的定义及其确认条件。

资产是指小企业过去的交易或者事项形成的、由小企业拥有或者控制的、预期会给小企业带来经济利益的资源。小企业的资产按照流动性分为流动资产和非流动资产。

将一项资源确认为资产，需要符合资产的定义，还应同时满足以下两个条件：①与该资源有关的经济利益很可能流入小企业；②该资源的成本或者价值能够可靠地计量。

（2）负债的定义及其确认条件。

负债是指小企业过去的交易或者事项形成的，预期会导致经济利益流出小企业的现时义务。小企业的负债按照其偿还速度或者偿还时间的长短，分为流动负债和非流动负债。

将一项现时义务确认为负债，需要符合负债的定义，还应当同时满足以下两个条件：①与该义务有关的经济利益很可能流出小企业；②未来流出的经济利益的金额能够可靠地计量。

（3）所有者权益的定义及其确认条件。

所有者权益是指小企业资产扣除负债后由所有者享有的剩余权益。小企业的所有者权益包括实收资本（或股本）、资本公积、盈余公积和未分配利润。

所有者权益的确认主要取决于资产、负债、收入、费用等其他会计要素的确认。

（4）收入的定义及其确认条件。

收入是指小企业在日常活动中形成的、会导致所有者权益增加的、与所有者投入资本无关的经济利益的总流入，通常包括销售商品收入和提供劳务收入。

收入只有在经济利益很可能流入从而导致企业资产增加或者负债减少、经济利益的流入额能够可靠计量时才能予以确认。即收入的确认至少应当符合三个条件：一是与收入相关的经济利益应当很可能流入企业；二是经济利益流入企业的结果会导致资产的增加或者负债的减少；三是经济利益的流入额能够可靠计量。

（5）费用的定义及其确认条件。

费用是指小企业在日常活动中发生的、会导致所有者权益减少的、与向所有者分配利润无关的经济利益的总流出。小企业的费用包括营业成本、营业税金及附加、销售费用、财务费用、管理费用等。

费用的确认除了应当符合定义外，也应当满足严格的条件，即费用只有在经济利益很可能流出从而导致企业资产减少或者负债增加、经济利益的流出额能够可靠计量时才能予以确认。费用的确认至少应当符合三个条件：一是与费用相关的经济利益应当很可能流出企业；二是经济利益流出企业的结果会导致资产的减少或者负债的增加；三是经济利益的流出额能够可靠计量。

（6）利润的定义及其确认条件。

利润是指小企业在一定会计期间的经营成果，包括营业利润、利润总额和净利润。

利润是反映收入减去费用、利得减去损失后的净额。利润的确认主要依赖于收入和费用以及利得和损失的确认，其金额的确定也主要取决于收入、费用、利得、损失金额的计量。

6. 会计要素的计量属性

会计计量是为了将符合确认条件的会计要素登记入账并列报于财务报表而确

定其金额的过程。企业应当按照规定的会计计量属性进行计量，确定相关金额。计量属性是指所计量的某一要素的特性方面，如桌子的长度、铁矿的重量、楼房的面积等。从会计角度看，计量属性反映的是会计要素金额的确定基础。

企业会计准则规定会计计量属性包括历史成本、重置成本、可变现净值、现值和公允价值等。但对于小企业而言，主要采用历史成本计量。历史成本，又称为实际成本，就是取得或制造某项财产物资时所实际支付的现金或其他等价物。在历史成本计量下，资产按照其购置时支付的现金或者现金等价物的金额，或者按照购置资产时所付出的对价的公允价值计量。负债按照其因承担现时义务而实际收到的款项或者资产的金额，或者承担现时义务的合同金额，或者按照日常活动中为偿还负债预期需要支付的现金或者现金等价物的金额计量。

7. 财务报表

财务报表是指对小企业财务状况、经营成果和现金流量的结构性表述。小企业的财务报表至少应当包括下列组成部分：资产负债表、利润表、现金流量表和附注。

需要说明的是，企业会计准则使用的是"财务报告"的概念，小企业会计准则由于提供的会计信息比较简略，仅仅需要编制财务报表。一般而言，它们的关系如图2-1所示。

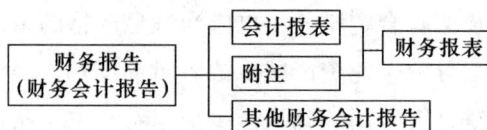

图2-1　财务报告、财务报表与会计报表的关系

同时，全面执行企业会计准则体系的企业所编制的会计报表包括资产负债表、利润表、现金流量表和所有者权益（股东权益）变动表，而对小企业而言，必须编制的会计报表只有资产负债表、利润表和现金流量表，所有者权益（股东权益）变动表则不需强制编制。

2.8　小企业会计科目

小企业会计科目见表2-2。

表 2-2　　　　　　　　　　　　　　小企业会计科目表

顺序号	编　号	会计科目名称	顺序号	编　号	会计科目名称
一、资产类			30	1702	累计摊销
1	1001	库存现金	31	1801	长期待摊费用
2	1002	银行存款	32	1901	待处理财产损溢
3	1012	其他货币资金	二、负债类		
4	1101	短期投资	33	2001	短期借款
5	1121	应收票据	34	2201	应付票据
6	1122	应收账款	35	2202	应付账款
7	1123	预付账款	36	2203	预收账款
8	1131	应收股利	37	2211	应付职工薪酬
9	1132	应收利息	38	2221	应交税费
10	1221	其他应收款	39	2231	应付利息
11	1401	材料采购	40	2232	应付利润
12	1402	在途物资	41	2241	其他应付款
13	1403	原材料	42	2401	递延收益
14	1404	材料成本差异	43	2501	长期借款
15	1405	库存商品	44	2701	长期应付款
16	1407	商品进销差价	三、所有者权益类		
17	1408	委托加工物资	45	3001	实收资本
18	1411	周转材料	46	3002	资本公积
19	1421	消耗性生物资产	47	3101	盈余公积
20	1501	长期债券投资	48	3103	本年利润
21	1511	长期股权投资	49	3104	利润分配
22	1601	固定资产	四、成本类		
23	1602	累计折旧	50	4001	生产成本
24	1604	在建工程	51	4101	制造费用
25	1605	工程物资	52	4301	研发支出
26	1606	固定资产清理	53	4401	工程施工
27	1621	生产性生物资产	54	4403	机械作业
28	1622	生产性生物资产累计折旧	五、损益类		
29	1701	无形资产	55	5001	主营业务收入

顺序号	编 号	会计科目名称	顺序号	编 号	会计科目名称
56	5051	其他业务收入	62	5601	销售费用
57	5111	投资收益	63	5602	管理费用
58	5301	营业外收入	64	5603	财务费用
59	5401	主营业务成本	65	5711	营业外支出
60	5402	其他业务成本	66	5801	所得税费用
61	5403	营业税金及附加			

第 3 章
流动资产

小企业的流动资产，是指预计在一年（含一年）或超过一年的一个正常营业周期中变现、出售或耗用的资产。主要包括：货币资金、短期投资、应收及预付款项、存货等。

3.1 货币资金

货币资金是指在企业生产经营过程中处于货币形态的那部分资金，按其形态和用途不同可分为库存现金、银行存款和其他货币资金。它是企业中最活跃的资金，流动性强，是企业的重要支付手段和流通手段。

3.1.1 库存现金

库存现金是指企业为了满足经营过程中零星支付需要而保留的现金，包括人民币现金和外币现金。

1. 库存现金的管理

对于库存现金的管理，国务院在 1988 年曾发布《现金管理暂行条例》，中国人民银行同时颁布了《现金管理暂行条例实施细则》。企业库存现金的管理主要有以下内容。

（1）现金的使用范围。根据国家现金管理制度和结算制度的规定，企业收支的各种款项必须按照国务院颁发的《现金管理暂行条例》的规定办理，在规定的范围内使用现金。允许企业使用现金结算的范围是：①职工工资、津贴；②个人劳务报酬；③根据国家规定颁发给个人的科学技术、文化艺术、体育等各种奖金；

④各种劳保、福利费用以及国家规定的对个人的其他支出；⑤向个人收购农副产品和其他物资的价款；⑥出差人员必须随身携带的差旅费；⑦零星支出；⑧中国人民银行确定需要支付现金的其他支出。

属于上述现金结算范围的支出，企业可以根据需要向银行提取现金支付；不属于上述现金结算范围的款项支付，一律通过银行进行转账结算。

（2）库存现金的限额。库存现金限额是指为保证各单位日常零星支出，按规定允许留存的现金的最高数额。库存现金的限额，由开户银行根据开户单位的实际需要和距离银行远近等情况核定。其限额一般按照单位 3～5 天日常零星开支所需现金确定。远离银行或交通不便的企业，银行最多可以根据企业 15 天的正常开支需要量来核定库存现金的限额。正常开支需要量不包括企业每月发放的工资和不定期差旅费等大额现金支出。库存限额一经核定，要求企业必须严格遵守，不能任意超过，超过限额的现金应及时存入银行；库存现金低于限额时，可以签发现金支票，从银行提取现金，补足限额。

（3）现金收支的规定。企业应当按照中国人民银行的现金管理办法和财政部关于各单位货币资金管理和控制的规定，办理有关现金收支业务。办理现金收支业务时，应当遵守以下几项规定。

①企业现金收入应于当日送存开户银行。当日送存有困难的，由开户银行确定送存时间。

②企业支付现金，可以从本企业库存现金限额中支付，或者从开户银行提取，不得从本企业的现金收入中直接支付（即坐支）。因特殊情况需要坐支现金的，应当事先报经开户银行审查批准，由开户银行核定坐支范围和限额。企业应定期向银行报送坐支金额和使用情况。

③企业从开户银行提取现金，应当写明用途，由本单位财务部门负责人签字盖章，经开户银行审核后，予以支付现金。

④企业因采购地点不固定、交通不便以及其他特殊情况必须使用现金的，应向开户银行提出申请，经开户银行审核后，予以支付现金。

⑤不准用不符合制度的凭证顶替库存现金，即不得"白条抵库"；不准谎报用途套取现金；不准用银行账户代其他单位和个人存入或支取现金；不准用单位收入的现金以个人名义存储，不准保留账外公款，不得设置"小金库"等。

银行对于违反上述规定的企业，将按照违规金额的一定比例予以处罚。

2. 库存现金的会计处理

（1）库存现金收支的会计处理。

企业现金的收入、支出和保管，都应由出纳人员或指定的专门人员负责办理。企业的一切现金收支，都必须取得或填制原始凭证，作为收付款项的书面证明。例如，企业向银行提取现金时，要签发现金支票，以"支票存根"作为提取现金的证明；将现金存入银行，要填写解款单，以银行退回的"解款单回单"作为收款的证明；支付零星小额的开支，以发票作为付款的证明；收入小额销售货款，以销售部门开出的"发货票副本"作为收款的证明；支付职工差旅费的借款，应以有关领导批准的"借款单"作为付款的证明；发放职工困难补助费，要以"领款单"作为付款的证明，等等。所有这些作为现金收支的原始凭证，会计部门都要进行认真的审核，审核现金收支是否合理、合法，手续是否完备，所列项目内容是否齐全，数字是否准确，等等。在审核中，对于那些不合理的开支应予以拒付；对不真实、不合法的原始凭证，不予受理；对记载不准确、不完整的原始凭证，应当退回，要求更正补充。根据审核无误的原始凭证编制收款凭证和付款凭证，办理现金的收付。对于办完现金收付业务的凭证，出纳人员要加盖"现金收讫"或"现金付讫"的戳记，表示款项已经收付完毕，可据以登记有关账簿。

具体的会计分录为：

收到现金时：

借：库存现金

　　贷：相关科目

支出现金时：

借：相关科目

　　贷：库存现金

为了加强对现金的管理，随时掌握现金收付的动态和库存余额，保证现金的安全，企业必须设置"现金日记账"，按照现金业务发生的先后顺序逐笔进行登记。每日终了，应根据登记的"现金日记账"结余数与实际库存数进行核对，做到账实相符。月份终了，"现金日记账"的余额必须与"库存现金"总账科目的余额核对相符。有外币现金收支业务的企业，应当按照人民币现金、外币现金的币种设置现金账户，进行明细核算。

（2）库存现金的清查。

现金清查是指对库存现金的盘点与核对，包括出纳人员每日终了前进行的现金账款核对和清查小组进行的定期或不定期的现金盘点、核对。小企业应根据现金清查的结果编制现金盘点报告单，查明原因并及时处理现金短缺或溢余，通过"待处理财产损溢"科目核算。

①库存现金短缺的处理。发现现金短缺，应按实际短缺的金额，做如下会计分录：

借：待处理财产损溢——待处理流动资产损溢

　　贷：库存现金

查明原因后分别以下列情况处理，具体见表3-1。

表3-1　　　　　　　　　　　　库存现金短缺的原因及处理

原　　因	会计分录
应由责任人赔偿的部分	借：其他应收款——应收现金短缺款（××个人） 　　贷：待处理财产损溢——待处理流动资产损溢
应由保险公司赔偿的部分	借：其他应收款——应收保险赔款 　　贷：待处理财产损溢——待处理流动资产损溢
无法查明原因	借：管理费用——现金短缺 　　贷：待处理财产损溢——待处理流动资产损溢

②属于现金溢余，按实际溢余的金额，做如下会计分录：

借：库存现金

　　贷：待处理财产损溢——待处理流动资产损溢

查明原因后分别以下列情况处理。

表3-2　　　　　　　　　　　　库存现金溢余的原因及处理

原　　因	会计分录
应支付给有关人员或单位的	借：待处理财产损溢——待处理流动资产损溢 　　贷：其他应付款——应付现金溢余（××个人或单位）
无法查明原因	借：待处理财产损溢——待处理流动资产损溢 　　贷：营业外收入——现金溢余

小企业有内部周转使用备用金的，可以单独设置"1004 备用金"科目进行会计核算。

3.1.2 银行存款

银行存款就是企业存放在银行或其他金融机构的货币资金。按照国家有关规定，凡是独立核算的单位，都必须在当地银行开设账户。企业在银行开设账户以后，除按核定的限额保留库存现金外，超过限额的现金必须存入银行；除了在规定的范围内可以用现金直接支付的款项外，在经营过程中所发生的一切货币收支业务，都必须通过银行存款账户进行结算。

1. 企业银行账户的开立

中国人民银行在 2003 年颁布了《人民币银行结算账户管理办法》（中国人民银行令［2003］第 5 号），规定单位银行结算账户的存款人可以在银行开立的账户包括基本存款账户、一般存款账户、专用存款账户和临时存款账户，但只能在一家银行开立一个基本存款账户。

基本存款账户是企业办理日常结算和现金收付的账户。企业的工资、奖金等现金的支取，只能通过基本存款账户办理；一般存款账户是企业在基本存款账户以外的银行借款转存、与基本存款账户的企业不在同一地点的附属非独立核算单位的账户，企业可以通过本账户办理转账结算和现金缴存，但不能办理现金支取；临时存款账户是企业因临时经营活动需要开立的账户，企业可以通过本账户办理转账结算和根据国家现金管理的规定办理现金收付；专用存款账户是企业因特定用途需要开立的账户。

一个企业只能选择一家银行的一个营业机构开立一个基本存款账户，不得在多家银行机构开立基本存款账户；不得在同一家银行的几个分支机构开立一般存款账户。

2. 银行结算方式

根据《中华人民共和国票据法》（1995 年颁布，2004 年修订）及中国人民银行颁布的《支付结算办法》（银发［1997］393 号）的规定，企业通过银行的结算方式如表 3 - 3 所示。

企业通过银行办理支付结算时，应当认真执行国家各项管理办法和结算制度。单位和个人办理支付结算，不准签发没有资金保证的票据或远期支票，套取银行信用；不准签发、取得和转让没有真实交易和债权债务的票据，套取银行和他人资金；不准无理拒绝付款，任意占用他人资金；不准违反规定开立和使用账户。

表 3 - 3　　　　　　　　　　　　银行结算方式

结算方式	期　限	适用的会计科目	适用范围	备　注
银行汇票	银行汇票的付款期限为自出票日起 1 个月内	其他货币资金	适用于先收款后发货或钱货两清的商品交易。单位、个人各种款项的异地结算均可使用银行汇票	
银行本票	银行本票的付款期限为自出票日起 2 个月内	其他货币资金	单位和个人在同一票据交换区域内即可使用银行本票	分为不定额和定额两种。定额的面值为 1 000 元；5 000 元；10 000 元；50 000元
商业汇票	票据的付款期限最长不得超过 6 个月；商业汇票的提示付款期限自汇票到期日起 10 日内	银行存款	凡是在银行开立存款账户的法人以及其他组织之间，必须具有真实的交易关系或者债权债务关系，才能使用商业汇票	1. 按承兑人的不同可分为商业承兑汇票和银行承兑汇票两种 2. 银行承兑汇票有两个万分之五： 　（1）万分之五的手续费 　（2）万分之五的罚息 3. 只注商业承兑汇票的贴现才会出现或有负债
支票	付款期限为 10 天	银行存款	单位和个人在同一票据交换区域的各种款项结算，均可以使用支票	1. 支票分为现金支票、转账支票和普通支票。在普通支票左上角划两条平行线的为划线支票 2. 转账支票和划线支票只能用于转账；现金支票只能用于支取现金，不能用于转账；普通支票既可用于转账，也可用于支取现金
信用卡		其他货币资金	凡在中国境内金融机构开立基本存款账户的单位可申领单位卡。单位卡一律不得用于 10 万元以上的商品交易、劳务供应款项的结算，不得支取现金	1. 信用卡按使用对象分为单位卡和个人卡；按信誉等级分为金卡和普通卡 2. 透支期最长为 60 天

结算方式	期　限	适用的会计科目	适用范围	备　注
汇兑		银行存款	异地结算	汇兑分为信汇和电汇两种
委托收款	付款单位应在收到委托收款通知的次日起3日内，主动通知银行是否付款。如果不通知银行，银行视同企业同意付款并在第4日从单位账户中付出此笔委托收款款项	银行存款	无论单位还是个人，都可凭已承兑商业汇票、债券、存单等付款人债务证明办理款项收取，无论同城或异地均可；委托收款适用于收取电费、电话费等付款人众多、分散的公用事业费等有关款项	委托收款分邮寄和电报划回两种
托收承付		银行存款	使用托收承付结算方式的收款单位和付款单位，必须是国有企业、供销合作社以及经营管理较好，并经开户银行审查同意的城乡集体所有制工业企业。办理托收承付结算的款项，必须是商品交易，以及因商品交易而产生的劳务供应的款项。代销、寄销、赊销商品的款项，不得办理托收承付结算	1. 托收承付款项划回方式分为邮寄和电报两种 2. 托收承付结算每笔金额起点为10 000元。新华书店系统每笔金额起点为1 000元 3. 验单付款的承付期为3天，验货付款的承付期为10天
信用证		其他货币资金	信用证结算方式是国际结算的一种主要方式。经中国人民银行批准经营结算业务的商业银行总行以及经商业银行总行批准开办信用证结算业务的分支机构，也可以办理国内企业之间商品交易的信用证结算业务	略

3. 银行存款收支的会计处理

企业在不同的结算方式下，应当根据有关的原始凭证编制银行存款的收付款凭证，并进行相应的账务处理。

①企业将款项存入银行等金融机构时，借记"银行存款"科目，贷记"库存现金"等科目；提取或支付在银行等金融机构中的存款时，借记"库存现金"等科目，贷记"银行存款"科目。

②企业在银行的其他存款，如外埠存款、银行本票存款、银行汇票存款、信用证存款等，在"其他货币资金"科目核算，不通过"银行存款"科目进行会计处理。

③企业收到银行存款，借记"银行存款"科目，贷记相关科目；企业支出银行存款，借记相关科目，贷记"银行存款"科目。

4. 银行存款的清查

为了及时、准确地掌握银行存款实际金额，防止银行存款账目发生差错，小企业应按期对账。银行存款日记账的核对主要包括三个环节：

①银行存款日记账与银行存款总账互相核对，做到账账相符。

②银行存款日记账与银行存款收、付款凭证互相核对，做到账证相符。

③银行存款日记账与银行开出的对账单互相核对，做到账实相符，以便准确地掌握企业可运用的银行存款实有数。

在将银行存款日记账与银行对账单进行逐笔核对时，如发现双方余额不一致，要及时查找原因。属于记账差错的，应立即更正。除记账错误外，还可能是由于未达账项引起的。

所谓未达账项，是指企业与银行之间由于凭证传递上的时间差，一方已登记入账，而另一方尚未入账的账项。对于未达账项，应编制"银行存款余额调节表"进行检查核对，如没有记账错误，调节后的双方余额应该相等。需要注意的是，"银行存款余额调节表"只是为了核对账目，并不能作为记账的依据。对于因未达账项而使双方账面余额出现的差异，无须进行账面调整，待结算凭证到达后再进行账务处理，登记入账。

3.1.3　其他货币资金

在企业的经营资金中，有些货币资金的存款地点和用途与库存现金和银行存款不同，如银行汇票存款、银行本票存款、信用卡存款、信用证保证金存款、外埠存款、备用金等，这些资金在会计核算上统称为"其他货币资金"。其他货币资金的会计处理为如下。

①转入时

借：其他货币资金—××

　　贷：银行存款

②支付时

借：相关科目

　　贷：其他货币资金—××

③余额转回时

借：银行存款

　　贷：其他货币资金—××

3.2　短期投资

短期投资，是指小企业购入的能随时变现并且持有时间不准备超过一年（含一年）的投资。如小企业以赚取差价为目的从二级市场购入的股票、债券、基金等。

短期投资的特点是持有时间短且容易变现。当小企业货币资金暂时剩余时，选择流动性强的股票、债券、国库券进行投资；等到小企业货币资金不足时，又可将其出售。

1. 短期投资的初始确认

小企业取得短期投资时，应当按照实际支付的购买价款作为成本进行计量。实际支付价款中包含的已宣告但尚未发放的现金股利或已到付息期但尚未领取的债券利息，应当单独确认为应收股利或应收利息，不计入短期投资的成本。

【例3-1】某小企业于2013年1月10日以银行存款购入以下公司股票作为短期投资（见表3-4），并作以下会计分录。

表 3 −4   单位：元

项 目	股 数	股票单价	税 费
股票 A	15 000	6	500
股票 B	20 000	5.1（含已宣告但未发放现金股利 0.1 元）	600
合计			

借：短期投资——股票 A   90 500

　　　　　　——股票 B   100 600

　　应收股利——股票 B   2 000

　　贷：银行存款   193 100

2. 短期投资损益的确认

短期投资在持有期间，被投资单位宣告发放的现金股利或在资产负债表日按分期付息、一次还本债券投资的票面利率计算的利息收入，应当计入投资收益。

【例 3 −2】某小企业于 2013 年 3 月 1 日购入股票 A 作为短期投资，实际支付的购买价款为 14 000 元。2013 年 3 月 15 日，A 公司宣告发放股利，该小企业根据持股比例算得可取得 500 元。该小企业应作如下会计分录：

借：应收股利——股票 A   500

　　贷：投资收益   500

2013 年 3 月 20 日，该小企业收到已计入"应收股利"的现金股利 500 元：

借：银行存款   500

　　贷：应收股利——股票 A   500

3. 短期投资的处置

出售短期投资时，按出售价款，借记"银行存款"等科目，按短期投资的账面余额，贷记"短期投资"科目，按尚未收到的现金股利或利息，贷记"应收股利"或"应收利息"科目，差额部分计入"投资收益"科目。

【例 3 −3】2013 年 3 月 31 日，某小企业出售所持有的 A 公司股票 20 000 股，实际收回金额 150 000 元，款项存入银行；该批股票账面成本为 120 000 元。

该小企业应作如下会计分录：

借：银行存款   150 000

　　贷：短期投资——股票 A   120 000

　　　　投资收益   30 000

与《企业会计准则》的区别

我国的《企业会计准则》对金融资产不再按照投资期限进行分类，而是按照管理目的不同分为交易性金融资产、可供出售金融资产、持有至到期投资以及贷款与应收款项。为了简化处理，《小企业会计准则》依然将投资分为短期投资和长期投资（长期债券投资和长期股权投资）两大类。《小企业会计准则》中的短期投资大致相当于《企业会计准则》中的交易性金融资产和可供出售金融资产（但没有绝对对应关系，因为《企业会计准则》中的交易性金融资产和可供出售金融资产没有规定明确的年限）。下面我们将《小企业会计准则》中的短期投资与《企业会计准则》中的交易性金融资产做一下简单对比。

（1）交易性金融资产在取得时发生的相关交易费用应计入"投资收益"的借方；短期投资在取得时发生的相关交易费用计入投资成本。

（2）交易性金融资产在资产负债表日应按公允价值进行计量，公允价值变动形成的利得或损失计入当期损益（公允价值变动损益）；短期投资在资产负债表日应按历史成本进行计量。

3.3 应收及预付款项

应收及预付款项，是指小企业在日常生产经营过程中发生的各项债权，包括：应收票据、应收账款、应收股利、应收利息、其他应收款等应收款项和预付账款。

应收及预付款项应当按照以下规定进行会计处理。

（1）应收及预付款项应当按照实际发生额入账。

（2）应收及预付款项实际发生坏账时，应当作为损失计入营业外支出，同时冲销应收及预付款项。

3.3.1 应收票据

应收票据是指小企业因销售商品（产成品或材料）、提供劳务等日常生产经营活动而收到的商业汇票（银行承兑汇票和商业承兑汇票）。按其是否带息分为带息票据和不带息票据。

为反映和监督应收票据的取得、票款的收回等经济业务，小企业应设置"应收票据"科目，借方登记取得的应收票据的面值，贷方登记到期收回票款或到期前向银行贴现的应收票据的面值。应收票据的借方余额表示尚未收回且未申请贴现的应收票据面值。

1. 取得应收票据

（1）小企业因收到应收票据以抵偿应收账款时，按应收票据面值，借记"应收票据"科目，贷记"应收账款"科目。

（2）小企业因销售商品、产品、提供劳务等而收到商业汇票，应按票据的面值，借记"应收票据"科目，按实现的营业收入，贷记"主营业务收入"、"应交税金——应交增值税（销项税额）"等科目。

2. 应收票据背书转让

小企业将持有的应收票据背书转让用于取得所需物资时，借记"原材料"、"库存商品"、"应交税金——应交增值税（进项税额）"等科目，贷记"应收票据"、"银行存款"等科目。

如为带息应收票据，小企业还应按尚未计提的利息贷记"财务费用"科目。

【例3-4】某小企业2013年1月5日将持有的无息应收票据背书转让给A公司，以取得所需材料。该批材料价款为50 000元，增值税为8 500元，运输费为1 500元。背书转让的无息应收票据账面余额为59 000元，买卖价款差额用银行存款补足。该小企业作如下分录：

借：在途物资　　　　　　　　　　　　　　　　　　　　　51 500
　　应交税金——应交增值税（进项税额）　　　　　　　　8 500
　　贷：应收票据　　　　　　　　　　　　　　　　　　　59 000
　　　　银行存款　　　　　　　　　　　　　　　　　　　1 000

【例3-5】承【例3-4】，若该小企业背书转让的应收票据票面利率为6%并已持有60天，其他条件不变。该小企业应作如下处理：

①计提应收利息

应收利息 = 59 000 × （6% ÷ 360 × 60） = 590 （元）

借：应收票据　　　　　　　　　　　　　　　　　　　　　590
　　贷：财务费用　　　　　　　　　　　　　　　　　　　590

②背书转让时

借：在途物资　　　　　　　　　　　　　　　　　　　51 500

　　应交税金——应交增值税（进项税额）　　　　　　8 500

　　贷：应收票据　　　　　　　　　　　　　　　　　59 590

　　　　银行存款　　　　　　　　　　　　　　　　　410

3. 应收票据的贴现

应收票据贴现指小企业以未到期的应收票据，通过背书手续，请银行按贴现率从票据价值中扣取贴现日起到票据到期日止的贴息后，以余额兑付给持票人。这是融通资金的一种信贷形式。背书的应收票据是此项借款的担保品。票据价值就是票据的到期值，不带息票据为票据的面值，带息票据为票据到期的本利和金额。用应收票据向银行申请贴现时，持票人必须在票据上"背书"。票据到期值与贴现收到金额之间的差额，叫贴息或贴现息，通常记作财务费用。贴息的数额根据票据的到期值按贴现率及贴现期计算。其计算公式为：

贴息 = 票据到期值 × 贴现率 × 贴现期

贴现票据实收金额 = 票据到期值 - 贴息

小企业持未到期的商业汇票向银行贴现，应按照实际收到的金额（即减去贴现息后的净额），借记"银行存款"科目，按照贴现息，借记"财务费用"科目，按照商业汇票的票面金额，贷记"应收票据"（银行无追索权情况下）或"短期借款"科目（银行有追索权情况下）。

【例 3 - 6】 某小企业于 2013 年 5 月 16 日将一张 3 月 15 日签发、3 个月期限、票面价值 10 000 元、票面利率 4% 的带息商业汇票向银行贴现，年贴现率为 8%。

①相关计算

票据到期日为 6 月 15 日，当前日为 5 月 16 日，则贴现期为 30 天。

票据到期值 = 10 000 × （1 + 4% ÷ 360 × 90） = 11 000（元）

贴息 = 11 000 × （8% ÷ 360 × 30） = 73.33（元）

贴现票据实收金额 = 11 000 - 73.33 = 10 926.67（元）

②银行无追索权情况下账务处理

借：银行存款　　　　　　　　　　　　　　　　　　10 926.67

　　贷：应收票据　　　　　　　　　　　　　　　　10 000

　　　　财务费用　　　　　　　　　　　　　　　　926.67

③银行有追索权情况下账务处理

借：银行存款   10 926.67

  贷：短期借款   10 000

      财务费用   926.67

4. 收回到期票款

小企业收回到期票款时，借记"银行存款"科目，贷记"应收票据"科目。如为带息应收票据，还应按票据利息额贷记"财务费用"科目。

【例3-7】某小企业于2013年5月16日收回一张3月15日签发、2个月期限、票面价值10 000元、票面利率6%的带息商业汇票价款。

①相关计算

票据到期值 = 10 000 × （1 + 6% ÷ 360 × 60） = 11 000（元）

②账务处理

借：银行存款   11 000

  贷：应收票据   10 000

      财务费用   1 000

《小企业会计准则》规定，小企业应当设置"应收票据备查簿"，逐笔登记每一商业汇票的种类、号数和出票日期、票面金额、交易合同号和付款人、承兑人、背书人的姓名或单位名称、到期日期和利率，以及收款日期和收回金额等资料。商业汇票到期结清票款后，应在备查簿内逐笔注销。

3.3.2 应收账款

应收账款核算小企业因销售商品、提供劳务等经营活动应收取的款项。应收账款是伴随企业的销售行为发生而形成的一项债权，因此，应收账款的确认与收入的确认密切相关。通常，在确认收入的同时，确认应收账款。不单独设置"预收账款"科目的小企业，预收的款项也在"应收账款"科目核算。

当小企业发生赊销业务时，应在实现营业收入、确认应收账款时编制如下会计分录：

借：应收账款

  贷：主营业务收入

      应交税金——应交增值税（销项税额）

小企业收到货款时编制如下会计分录：

借：银行存款

  贷：应收账款

如果小企业应收账款改用商业汇票结算，在收到承兑的商业汇票时，按票面价值编制如下会计分录：

借：应收票据

  贷：应收账款

如果小企业提供应收账款的现金折扣，应将现金折扣作为财务费用处理，在收到货款时编制如下会计分录：

借：银行存款

  财务费用

  贷：应收账款

3.3.3 预付账款

预付账款是指小企业按照合同规定预付的款项，包括根据合同规定预付的购货款、租金、工程款等。

预付款项情况不多的小企业，也可以不设置"预付账款"科目，将预付的款项直接记入"应付账款"科目借方。

1. 小企业因购货而发生的预付账款

（1）预付款项时。

借：预付账款

  贷：银行存款

（2）收到所购物资。

借：在途物资、原材料、库存商品等

  应交税费——应交增值税（进项税额）

  贷：预付账款

（3）补足款项。

借：预付账款

  贷：银行存款

（4）退回多付的款项。

借：银行存款

    贷：预付账款

2. 小企业进行在建工程预付的工程价款

（1）预付工程款项时。

借：预付账款

    贷：银行存款

（2）按工程进度结算工程价款。

借：在建工程

    贷：预付账款等

3.3.4　应收股利

其一，小企业购入股票，如果实际支付的购买价款中包含已宣告但尚未发放的现金股利，应当按照实际支付的购买价款和相关税费扣除已宣告但尚未发放的现金股利后的金额，借记"短期投资"或"长期股权投资"科目，按照应收的现金股利，借记"应收股利"科目，按照实际支付的购买价款和相关税费，贷记"银行存款"科目。

其二，在短期投资或长期股权投资持有期间，被投资单位宣告分派现金股利或利润，应当按照本企业应享有的金额，借记"应收股利"科目，贷记"投资收益"科目。

其三，小企业实际收到现金股利或利润，借记"银行存款"等科目，贷记"应收股利"科目。

3.3.5　应收利息

其一，小企业购入债券，如果实际支付的购买价款中包含已到付息期但尚未领取的债券利息，应当按照实际支付的购买价款和相关税费扣除应收的债券利息后的金额，借记"短期投资"或"长期债券投资"科目，按照应收的债券利息，借记"应收利息"科目，按照实际支付的购买价款和相关税费，贷记"银行存款"科目。

其二，在长期债券投资持有期间，在债务人应付利息日，按照分期付息、一次还本债券投资的票面利率计算的利息收入，借记"应收利息"科目，贷记"投资收益"科目；按照一次还本付息债券投资的票面利率计算的利息收入，借记"长期债券投资——应计利息"科目，贷记"投资收益"科目。

其三，实际收到债券利息，借记"银行存款"等科目，贷记"应收利息"科目。

需要说明的是，购入的一次还本付息债券投资持有期间的利息收入，在"长期债券投资"科目核算，不在"应收利息"科目核算。

应收股利、应收利息的相关处理可参看短期投资、长期债券投资、长期股权投资等相关章节。

3.3.6 其他应收款

其他应收款是指小企业除应收票据、应收账款、预付账款、应收股利、应收利息等以外的其他各种应收及暂付款项，包括各种应收的赔款、应向职工收取的各种垫付款项等。

（1）小企业发生的其他各种应收款项。

借：其他应收款

　　贷：库存现金、银行存款、固定资产清理等

（2）出口产品或商品按照税法规定应予退回的增值税款。

借：其他应收款

　　贷：应交税费——应交增值税（出口退税）

（3）小企业收回其他各种应收款项。

借：库存现金、银行存款、应付职工薪酬等

　　贷：其他应收款

3.3.7 坏账

坏账指小企业无法收回的应收及预付款项。应收票据存在收款困难时，应转为应收账款，然后对应收账款确认坏账。

1. 坏账的确认

小企业应收及预付款项符合下列条件之一的，减除可收回的金额后确认的无法收回的应收及预付款项，可以作为坏账损失。

（1）债务人依法宣告破产、关闭、解散、被撤销，或者被依法注销、吊销营业执照，其清算财产不足清偿的；

    （2）债务人死亡，或者依法被宣告失踪、死亡，其财产或者遗产不足清偿的；

    （3）债务人逾期3年以上未清偿，且有确凿证据证明已无力清偿债务的；

    （4）与债务人达成债务重组协议或法院批准破产重整计划后，无法追偿的；

    （5）因自然灾害、战争等不可抗力导致无法收回的；

    （6）国务院财政、税务主管部门规定的其他条件。

2. 坏账的账务处理

应收及预付款项实际发生坏账时，应当作为损失计入营业外支出，同时冲销应收及预付款项。其会计分录为：

借：营业外支出——坏账损失

    贷：应收账款、预付账款、其他应收款等

延伸阅读

与《企业会计准则》的区别

我国的《企业会计准则》没有对以上各种应收及预付款项分别规定，而是在《企业会计准则第22号——金融工具确认和计量》中作为"贷款和应收款项"进行了规范。贷款和应收款项的后续计量采用实际利率法下的摊余成本。

同时，在《企业会计准则》中，对贷款和应收款项应计提坏账准备。在各类会计学教材中，对应收款项的坏账处理理论上有两种方法：备抵法与直接转销法。备抵法是按期估计坏账损失，计入期间费用（资产减值损失），同时建立坏账准备金，待实际发生坏账时，冲销已经提取的坏账准备金。坏账准备的计提方法包括应收账款余额百分比法、账龄分析法、赊销百分比法等。直接转销法是在实际发生坏账时，作为一种损失直接计入期间费用。

我国《企业会计准则》要求必须采用备抵法，不允许采用直接转销法，因为直接转销法不符合谨慎性和配比原则。但考虑到小企业业务比较简单，《小企业会计准则》第六条明确规定，"小企业的资产应当按照成本计量，不计提资产减值准备"，即小企业的应收及预付款项的坏账采用直接转销法进行账务处理，不再设置"资产减值损失"科目，而是在实际发生坏账时作为损失计入"营业外支出"科目。

3.4 存　货

存货，是指小企业在日常生产经营过程中持有以备出售的产成品或商品、处在生产过程中的在产品、将在生产过程或提供劳务过程中耗用的材料和物料等，以及小企业（农、林、牧、渔业）为出售而持有的或在将来收获为农产品的消耗性生物资产。存货区别于固定资产等非流动资产的最基本的特征是，企业持有存货的最终的目的是为了出售，包括可供直接销售的产成品、商品，以及需经过进一步加工后出售的原材料等。

3.4.1　存货的分类

小企业的存货主要包括：原材料、在产品、半成品、产成品、商品、周转材料、委托加工物资、消耗性生物资产等。

原材料，是指小企业在生产过程中经加工改变其形态或性质并构成产品主要实体的各种原料及主要材料、辅助材料、外购半成品（外购件）、修理用备件（备品备件）、包装材料、燃料等。

在产品，是指小企业正在制造尚未完工的产品。包括：各个生产工序加工的产品，以及已加工完毕但尚未检验或已检验但尚未办理入库手续的产品。

半成品，是指小企业经过一定生产过程并已检验合格交付半成品仓库保管，但尚未制造完工成为产成品，仍需进一步加工的中间产品。

产成品，是指小企业已经完成全部生产过程并已验收入库，符合标准规格和技术条件，可以按照合同规定的条件送交订货单位，或者可以作为商品对外销售的产品。

商品，是指小企业（批发业、零售业）外购或委托加工完成并已验收入库用于销售的各种商品。

周转材料，是指小企业能够多次使用、逐渐转移其价值但仍保持原有形态且不确认为固定资产的材料。包括：包装物、低值易耗品、小企业（建筑业）的钢模板、木模板、脚手架等。

委托加工物资，是指小企业委托外单位加工的各种材料、商品等物资。

消耗性生物资产，是指小企业（农、林、牧、渔业）生长中的大田作物、蔬菜、用材林以及存栏待售的牲畜等。消耗性生物资产会在 4.4 节进行论述。

3.4.2　存货的确认条件

小企业确认存货需同时满足两个条件。

1. 存货包含的经济利益很可能流入企业

小企业在确认存货时，需要判断与该项存货相关的经济利益是否很可能流入企业；在实务中，主要通过判断与该项存货所有权相关的风险和报酬是否转移到了小企业来确定。其中，与存货所有权相关的风险，是指由于经营情况发生变化造成的相关收益的变动，以及由于存货滞销、毁损等原因造成的损失；与存货所有权相关的报酬，是指在初步该项存货或其经过进一步加工取得的其他存货时获得的收入，以及处置该项存货实现的利润等。

通常情况下，取得存货的所有权是与存货相关的经济利益很可能流入本企业的一个重要标志。例如，根据销售合同已经售出（取得现金或收取现金的权利）的存货，其所有权已经转移，与其相关的经济利益已不能再流入本企业。此时，即使该项存货尚未运离本企业，也不能再确认为本企业的存货。又如，委托代销商品，由于其所有权并未转移至受托方，因而仍应当确认为委托企业存货的一部分。总之，小企业在判断与存货相关的经济利益能否流入企业时，主要结合该项存货所有权的归属情况进行分析确定。

2. 存货的成本能够可靠的计量

作为小企业资产的组成部分，要确认存货，小企业必须能够对其成本进行可靠的计量。存货的成本能够可靠的计量必须以取得确凿、可靠的证据为依据，并且具有可验证性。如果存货成本不能可靠的计量，则不能确认为一项存货。例如，企业承诺的订货合同，由于并未实际发生，不能可靠确定其成本，因此就不能确认为购买企业的存货。又如，企业预计发生的制造费用，由于并未实际发生，不能可靠的确定其成本，因此不能计入产品成本。

3.4.3　存货的初始计量

小企业取得存货，应当按照成本进行计量。

不同存货的成本构成内容不同。原材料、商品、周转材料等通过购买而取得的存货的初始成本由采购成本构成；产成品、在产品、半成品、委托加工物资等通过进一步加工而取得的存货的初始成本由采购成本、加工成本以及使存货达到目前场所和状态所发生的其他成本构成。

1. 外购存货的成本

原材料、商品、周转材料等通过购买而取得的存货的初始成本由采购成本构成。存货的采购成本，包括购买价款、相关税费、运输费、装卸费、保险费以及其他可归属于存货采购成本的费用，但不包括按照税法规定可以抵扣的增值税。

购买价款，是指小企业购入材料或商品的发票账单上列明的价款，但不包括按规定可以抵扣的增值税进项税额。

相关税费，是指小企业购买、自制或委托加工存货所发生的消费税、资源税和不能从增值税销项税额中抵扣的进项税额等。

其他可归属于存货采购成本的费用，即采购成本中除上述各项以外的可归属于存货采购成本的费用，如在存货采购过程中发生的仓储费、包装费、运输途中的合理损耗、入库前的挑选整理费用等。这些费用能分清负担对象的，应直接计入存货的采购成本；不能分清负担对象的，应选择合理的分配方法，分配计入有关存货的采购成本。分配方法通常包括按所购存货的重量或采购价格的比例进行分配。

企业外购的原材料，由于结算方式和采购地点的不同，材料入库和货款的支付在时间上不一定完全同步，相应的账务处理也有所不同。

【例3－8】2013 年 1 月 11 日，某小企业采购一批原材料，材料价款为10 000元，增值税额为1700 元，发票等凭证已收到，但材料尚在运输途中，该小企业应编制如下会计分录。

借：在途物资   10 000

  应交税金——应交增值税（进项税额）   1 700

  贷：银行存款   11 700

当该小企业收到材料并验收入库时，应作如下会计处理。

借：原材料   10 000

  贷：在途物资   10 000

小企业采用计划成本进行材料日常核算时，用"材料采购"科目核算购入材料的采购成本，计划成本与实际成本的差额通过"材料成本差异"科目核算。基本会计处理如下。

借：材料采购

  应交税金——应交增值税（进项税额）

贷：银行存款等

借或贷：材料成本差异

2. 通过进一步加工而取得的存货

通过进一步加工取得存货的成本包括直接材料、直接人工以及按照一定方法分配的制造费用。经过一年期以上的制造才能达到预定可销售状态的存货发生的借款费用，也计入存货的成本。

（1）自行生产的存货。

小企业自行生产的存货的初始成本包括投入的原材料或半成品、直接人工和按照一定方式分配的制造费用。小企业应当根据生产特点，选择适合于本企业的成本核算对象、成本项目和成本计算方法。小企业发生的各项生产费用，应当按照成本核算对象和成本项目分别归集：属于材料费、人工费等直接费用的，直接计入基本生产成本和辅助生产成本；属于辅助生产车间为生产产品提供的动力等直接费用的，应当作为辅助生产成本进行归集，然后按照合理的方法分配计入基本生产成本；其他间接费用应当作为制造费用进行归集，月度终了，再按一定的分配标准，分配计入有关产品的成本。

一般而言，小企业在核算生产各种产品所发生的各项生产费用时，应设置"生产成本"和"制造费用"两个总账科目。

"生产成本"科目核算小企业生产各种产品（包括产成品、自制半成品等）、自制材料、自制工具、自制设备等所发生的生产费用。"生产成本"科目应当分别按照基本生产成本和辅助生产成本进行明细核算，并按规定的成本项目设置专栏，期末借方余额反映小企业尚未加工完成的各项在产品成本。

为了分别核算基本生产成本和辅助生产成本，企业应在"生产成本"科目下分别设置"基本生产成本"和"辅助生产成本"两个明细科目。"基本生产成本"明细科目核算企业基本生产车间为完成企业主要生产目的而进行的产品生产所发生的生产费用。"辅助生产成本"明细科目核算企业辅助生产车间为基本生产服务而进行的产品生产和劳务供应所发生的生产费用。小企业发生的各项生产费用，应按成本核算对象和成本项目分别归集，属于直接材料、直接人工等直接费用，直接计入"基本生产成本"和"辅助生产成本"，属于企业辅助生产车间为生产产品提供的动力等间接费用，应当在"辅助生产成本"明细科目核算后，再转入"基本生产成本"明细科目；其他间接费用先在"制造费用"科目归集，月度终了，再按一定的分配标准分别计入有关的产品成本。

制造费用是产品成本的重要组成部分，它是指企业为生产产品和提供劳务而发生的各项间接费用。制造费用主要包括：生产车间发生的机物料消耗和固定资产修理费、生产车间管理人员的工资等职工薪酬、生产车间计提的固定资产折旧费、生产车间支付的办公费水电费等、发生季节性和修理期间的停工损失、小企业经过一年期以上的制造才能达到预定可销售状态的产品在制造完成之前发生的借款利息等。

需要说明的是，季节性生产小企业制造费用全年实际发生额与分配额的差额，除其中属于为下一年开工生产做准备的可留待下一年分配外，其余部分实际发生额大于分配额的差额，全部计入"生产成本——基本生产成本"科目。一般而言，除季节性的生产性小企业外，制造费用期末应无余额。

【例 3-9】某小企业基本生产车间生产甲、乙两种产品，根据"发料凭证汇总表"的记录，本月份基本生产车间共领用材料 262 000 元。其中，150 000 元材料用于甲产品生产，100 000 元材料用于乙产品生产，基本生产车间的管理部门领用材料 2 000 元；辅助生产车间领用材料 10 000 元。根据"工资结算汇总表"结算的本月应付基本生产车间生产工人工资为 83 000 元。其中，生产甲产品生产工人工资 32 000 元，生产乙产品生产工人工资 28 000 元，基本生产车间管理人员工资为 15 000 元，辅助的工资 8 000 元。月末计提折旧 15 000 元。其中，基本生产车间 13 240 元，辅助生产车间 1 760 元。该企业辅助生产车间不设"制造费用"账户，月末全部转出，基本生产车间负担 75%（按生产工人工资分配进入产品）、行政管理部门负担 20%、销售机构负担 5%。假定甲、乙两种产品本月无其他耗费，制造费用按生产工人工资比例进行分配。甲、乙两种产品均于本月末完工并验收入库，且无月初在产品成本和月末在产品成本。

根据上述业务编制如下会计分录：

①领用原材料

借：生产成本——基本生产成本（甲产品）   150 000

         ——基本生产成本（乙产品）   100 000

         ——辅助生产成本   10 000

    制造费用——基本生产车间   2 000

    贷：原材料   262 000

②分配工资

借：生产成本——基本生产成本（甲产品）　　　　　　　　　32 000

　　　　　　——基本生产成本（乙产品）　　　　　　　　　28 000

　　　　　　——辅助生产成本　　　　　　　　　　　　　　8 000

　　制造费用——基本生产车间　　　　　　　　　　　　　15 000

　　贷：应付工资　　　　　　　　　　　　　　　　　　　　　83 000

③计提折旧

借：生产成本——辅助生产成本　　　　　　　　　　　　　1 760

　　制造费用——基本生产车间　　　　　　　　　　　　　13 240

　　贷：累计折旧　　　　　　　　　　　　　　　　　　　　　15 000

④分配、结转辅助生产成本

辅助生产成本合计为 19 760 元

产品分配金额 = 19 760 × 75% = 14 820

甲产品分配金额 = 14 820 × 32 000/（32 000 + 28 000）= 7 904

乙产品分配金额 = 14 820 × 28 000/（32 000 + 28 000）= 6 916

管理部门分配金额 = 19 760 × 20% = 3 952

销售部门分配金额 = 19 760 × 5% = 988

借：生产成本——基本生产成本（甲产品）　　　　　　　　　7 904

　　　　　　——基本生产成本（乙产品）　　　　　　　　　6 916

　　　管理费用　　　　　　　　　　　　　　　　　　　　　3 952

　　　销售费用　　　　　　　　　　　　　　　　　　　　　　988

　　贷：生产成本——辅助生产成本　　　　　　　　　　　　19 760

⑤分配、结转制造费用

30 240/（32 000 + 28 000）= 0.504

甲产品 = 32 000 × 0.504 = 16 128（元）

乙产品 = 28 000 × 0.504 = 14 112（元）

借：生产成本——基本生产成本（甲产品）　　　　　　　　16 128

　　　　　　——基本生产成本（乙产品）　　　　　　　　14 112

　　贷：制造费用——基本生产车间　　　　　　　　　　　　30 240

⑥结转完工产品成本

借：库存商品——甲产品　　　　　　　　　　　　　　　206 032

	——乙产品	149 028
贷：生产成本——基本生产成本（甲产品）		206 032
——基本生产成本（乙产品）		149 028

需要说明的是，如果小企业为服务企业，其对外提供劳务发生的成本包括与劳务提供直接相关的人工费、材料费和折旧费等应分摊的间接费用。核算思路与上述相同，可以单设"劳务成本"科目单独核算。

（2）委托外单位加工的存货。委托外单位加工完成的存货，以实际耗用的原材料或者半成品、加工费、运输费、装卸费等费用以及按规定应计入成本的税金，作为实际成本。其在会计处理上主要包括拨付加工物资、支付加工费用和税金、收回加工物资和剩余物资等几个环节。

小企业收回委外加工物资时，按实际成本，借记"委托加工物资"科目，贷记"原材料"、"库存商品"等科目。

3. 投资者投入的存货

投资者投入存货的成本，应当按照评估价值确定。会计分录为：

借：原材料等

贷：实收资本

资本公积

4. 取得周转材料

小企业购入、自制、委托外单位加工完成并验收入库的周转材料，包括包装物、低值易耗品，以及小企业（建筑业）的钢模板、木模板、脚手架等，比照原材料的相关规定进行处理。

各种包装材料，如纸、绳、铁丝、铁皮等，应在"原材料"科目内核算；用于储存和保管产品、材料而不对外出售的包装物，应按照价值大小和使用年限长短，分别在"固定资产"科目或"周转材料"科目核算；小企业的包装物、低值易耗品，也可以单独设置"包装物"、"低值易耗品"科目，包装物数量不多的小企业，也可以不设置"周转材料"科目，将包装物并入"原材料"科目核算。

3.4.4 存货发出

1. 存货领用、发出的计量方法

由于各种存货是分次购入或分批生产形成的，所以同一项目的存货，其单价或单位成本往往不同。要核算领用、发出存货的价值，就要选择一定的计量方法，只有正确地计算领用、发出存货的价值，才能真实地反映企业生产成本和销售成本，进而正确地确定企业的净利润。

《小企业会计准则》规定，小企业领用或发出存货，可以根据实际情况选择采用先进先出法、加权平均法、个别计价法等确定其实际成本。计价方法一经选用，不得随意变更。

（1）先进先出法。先进先出法是以先购入的存货应先发出（销售或耗用）这样一种存货实物流动假设为前提，对发出存货进行计价。采用这种方法，先购入的存货成本在后购入存货成本之前转出，据此确定发出存货和期末存货的成本。

（2）移动加权平均法。移动加权平均法，是指以每次进货的成本加上原有库存存货的成本，除以每次进货数量与原有库存存货的数量之和，据以计算加权平均单位成本，作为下次进货前计算各次发出存货成本的依据。

（3）月末一次加权平均法。月末一次加权平均法，是指以当月全部进货数量加上月初存货数量作为权数，去除当月全部进货成本加上月初存货成本，计算出存货的加权平均单位成本，以此为基础计算当月发出存货的成本和期末存货的成本的一种方法。

（4）个别计价法。个别计价法，亦称个别认定法、具体辨认法、分批实际法，其特征是注重所发出存货具体项目的实物流转与成本流转之间的联系，逐一辨认各批发出存货和期末存货所属的购进批别或生产批别，分别按其购入或生产时所确定的单位成本计算各批发出存货和期末存货的成本。也就是说，把每一种存货的实际成本作为计算发出存货成本和期末存货成本的基础。对于不能替代使用的存货、为特定项目专门购入或制造的存货以及提供的劳务，通常采用个别计价法确定发出存货的成本。在实际工作中，越来越多的企业采用计算机信息系统进行会计处理，个别计价法可以广泛应用于发出存货的计价，并且个别计价法确定的存货成本最为准确。

对于性质和用途相似的存货，应当采用相同的成本计算方法确定发出存货的成本。对于不能替代使用的存货、为特定项目专门购入或制造的存货以及提供的劳务，通常采用个别计价法确定发出存货的成本。

2. 存货发出的会计处理

（1）领用原材料。小企业生产过程中领用原材料等，按实际成本，借记"生产成本"、"制造费用"、"销售费用"、"管理费用"等科目，贷记"原材料"科目。

【例3-10】2013年1月14日，某小企业生产车间领用一批原材料。存货计价采用先进先出法，确定材料价款为5 000元，该小企业应作如下会计分录。

借：生产成本   5 000

    贷：原材料   5 000

（2）领用周转材料。对于周转材料，采用一次转销法进行会计处理，在领用时按其成本计入生产成本或当期损益。

生产、施工领用周转材料，通常采用一次转销法，按照其成本，借记"生产成本"、"管理费用"、"工程施工"等科目，贷记"周转材料"科目。

随同产品出售但不单独计价的包装物，按照其成本，借记"销售费用"科目，贷记"周转材料"科目。

随同产品出售并单独计价的包装物，按照其成本，借记"其他业务成本"科目，贷记"周转材料"科目。

金额较大的周转材料，也可以采用分次摊销法，领用时应按照其成本，借记"周转材料"科目（在用），贷记"周转材料"科目（在库）；按照使用次数摊销时，应按照其摊销额，借记"生产成本"、"管理费用"、"工程施工"等科目，贷记"周转材料"科目（摊销）。

出租或出借周转材料，不需要结转其成本，但应当进行备查登记。

（3）对外销售商品。对外销售商品结转销售成本，借记"主营业务成本"科目，贷记"库存商品"科目。

【例3-11】2013年1月15日，某小企业售出成本为4 000元的产品，应作如下会计分录。

借：主营业务成本   4 000

    贷：库存商品   4 000

（4）出售原材料。小企业出售原材料时，按原材料实际成本，借记"其他业务成本"科目，贷记"原材料"科目。

3.4.5　存货的清查盘点

小企业应定期对存货进行清查盘点，盘点的结果分为账实相符、账实不符两种情况。账实不符又分为盘盈、盘亏两种情况。存货发生毁损，处置收入、可收回的责任人赔偿和保险赔款，扣除其成本、相关税费后的净额，应当计入营业外支出或营业外收入。

1. 存货盘盈的会计处理

盘盈存货的成本，应当按照同类或类似存货的市场价格或评估价值确定。

（1）盘盈存货时的会计分录为：

借：原材料、库存商品等

    贷：待处理财产损溢——待处理流动资产损溢

（2）盘盈存货实现的收益，计入营业外收入。会计处理为：

借：待处理财产损溢——待处理流动资产损溢

    贷：营业外收入

2. 存货盘亏的会计处理

盘亏存货发生的损失，应当计入营业外支出。

（1）盘亏发生时。

借：待处理财产损溢——待处理流动资产损溢

    贷：原材料、库存商品等

（2）根据不同情况进行处理。

借：原材料（残料价值）

    其他应收款（可收回保险赔偿或过失人赔偿）

    营业外支出（损失）

    贷：待处理财产损溢——待处理流动资产损溢

延伸阅读

与《企业会计准则》的区别

1. 关于投资者投入的存货成本

《企业会计准则》规定投资者投入存货的成本，应当按照投资合同或协议约定的价值确定，但合同或协议约定的价值不公允的除外；《小企业会计准则》没有对合同或协议约定的价值不公允的情况做出规定。

2. 关于盘盈存货的处理

《企业会计准则》规定盘盈的存货应按其重置成本作为入账价值，并通过"待处理财产损溢"科目进行会计处理，按管理权限报经批准后冲减当期"管理费用"。《小企业会计准则》规定盘盈存货的成本按同类或类似存货的市场价格或评估价值计入"营业外收入"。

3. 关于存货的期末计价

《企业会计准则》规定资产负债表日存货按照成本与可变现净值孰低计量。《小企业会计准则》规定按照成本计量。

4. 关于周转材料的摊销

《企业会计准则》规定企业应当采用一次转销法或者五五摊销法对周转材料进行摊销；《小企业会计准则》规定采用一次转销法或分次摊销法，没有规定五五摊销法。

第*4*章
非流动资产

小企业的非流动资产是指流动资产之外的资产，主要包括长期债券投资、长期股权投资、固定资产、生产性生物资产、无形资产和长期待摊费用等。

4.1　长期债券投资

长期债券投资，是指小企业准备长期（在一年以上）持有的债券投资，如购入国库券、企业债券等。"长期债券投资"科目应按照债券种类和被投资单位，分"面值"、"溢折价"、"应计利息"进行明细核算。

4.1.1　分期付息、一次还本的长期债券投资的会计处理

【例4-1】小企业甲公司于2013年1月1日购入乙公司2012年1月1日发行的面值500 000元、期限5年、票面利率6%，分期付息、到期还本作为长期债权投资，实际支付价款520 000元，其中包含已到付息期但尚未支付的利息30 000元。另外，购买过程中还支付相关税费和手续费1 000元。2013年1月20日，收到相应利息。

1. 购入债券的会计处理

长期债券投资应当按照实际支付的购买价款作为成本进行计量。实际支付价款中包含的已到付息期但尚未领取的债券利息，应当单独确认为应收利息，不计入长期债券投资的成本。

（1）2013年1月1日的会计分录：

借：长期债券投资——面值　　　　　　　　　　　　　　　　500 000

应收利息	30 000
贷：银行存款	521 000
长期债券投资——溢折价	9 000

（2）2013 年 1 月 20 日的会计分录：

借：银行存款	30 000
贷：应收利息	30 000

2. 持有债券期间的会计处理

长期债券投资在持有期间，按年计算应收利息。2013 年 12 月 31 日，计算当年的应收利息为：$500\,000 \times 6\% = 30\,000$ 元。

债券的折价或者溢价在债券存续期间内于确认相关债券利息收入时采用直线法进行摊销。本年应摊销的溢折价为 $9\,000 / 4 = 2\,250$ 元。

会计分录为：

借：应收利息	30 000
长期债券投资——溢折价	2 250
贷：投资收益	32 250

3. 2016 年 12 月 31 日，债券到期的会计处理

首先应计算本年的应收利息与投资收益，会计分录为：

借：应收利息	30 000
长期债券投资——溢折价	2 250
贷：投资收益	32 250

然后甲公司收到本金500 000元及 2016 年当年的应收利息30 000元。

借：银行存款	530 000
贷：长期债券投资——面值	500 000
应收利息	30 000

4. 假如 2015 年 12 月 31 日，甲公司将该债券出售，出售价款为540 000元，收到银行存款。出售时 2015 年的利息尚未支付

2015 年 12 月 31 日，该债券的明细科为：

长期债券投资——面值（借方）	500 000
长期债券投资——溢折价（贷方）	2 250
应收利息	30 000

则会计处理为：

借：银行存款 540 000

　　长期债券投资——溢折价 2 250

　　贷：长期债券投资——面值 500 000

　　　　应收利息 30 000

　　　　投资收益 12 250

5. 长期债券投资损失

小企业长期债券投资符合下列条件之一的，减除可收回的金额后确认的无法收回的长期债券投资，作为长期债券投资损失：

（1）债务人依法宣告破产、关闭、解散、被撤销，或者被依法注销、吊销营业执照，其清算财产不足清偿的；

（2）债务人死亡，或者依法被宣告失踪、死亡，其财产或者遗产不足清偿的；

（3）债务人逾期 3 年以上未清偿，且有确凿证据证明已无力清偿债务的；

（4）与债务人达成债务重组协议或法院批准破产重整计划后，无法追偿的；

（5）因自然灾害、战争等不可抗力导致无法收回的；

（6）国务院财政、税务主管部门规定的其他条件。

会计处理为：

借：银行存款（可收回的金额）

　　营业外支出（差额）

　　贷：长期股权投资（成本、溢折价）

4.1.2　一次还本付息的长期债券投资的会计处理

长期债券投资持有期间，在债务人应付利息日按照一次还本付息的长期债券投资票面利率计算的利息收入，应计入"长期债券投资——应计利息"。其余会计处理与分期付息、一次还本的长期债券投资的会计处理基本相同。

延伸阅读

与《企业会计准则》的区别

在我国的《企业会计准则》中，没有长期债券投资项目，而是按照管理意图将其分别计入持有至到期投资和可供出售金融资产。

持有至到期投资是指企业购入的到期日固定、回收金额固定或可确定，且企业有明确意图和能力持有至到期的非衍生金融资产。当持有期间超过一年的债券计入持有至到期投资时，购入时应按面值计入"持有至到期投资（成本）"科目，应收未收的利息计入"应收利息"或"持有至到期投资（应计利息）"科目，支付款项与两者的差额计入"持有至到期投资（应计利息）"科目。持有期间，持有至到期投资按照实际利率法下的摊余成本进行后续计量，要对购买时的溢价或折价，即"持有至到期投资（应计利息）"科目余额进行摊销。

如果持有期间超过一年的债券企业没有意图或能力持有至到期，则计入可供出售金融资产。可供出售金融资产是指在初始确认时被指定为可供出售的金融资产以及不能分类为持有至到期投资及交易性金融资产项目的资产，该资产按公允价值进行计量，公允价值与账面价值的差额计入"资本公积"科目。

《小企业会计准则》对长期债券投资的规定则相对简单一些，其不再区分债券是否持有至到期，对购入时的溢价或折价也不采用实际利率法，而是直线法进行摊销。

4.2　长期股权投资

长期股权投资，是指小企业准备长期持有（通常在一年以上）的权益性投资。这里的规定仅仅是说，小企业的权益性投资只要是准备持有期间超过一年，就计入长期股权投资。持有期间是一个非常重要的判断标准。

1. 长期股权投资初始成本的计量

小企业获得长期股权投资的方式有两种：一是以支付现金取得的长期股权投资；二是通过非货币性资产交换取得的长期股权投资。

（1）以支付现金取得的长期股权投资。以支付现金取得的长期股权投资，应当按照实际支付的购买价款和相关税费作为成本进行计量。如果实际支付的价款中包含已宣告但尚未发放的现金股利，应当单独确认为应收股利。

【例4-2】甲公司以支付现金的方式取得乙公司5%的股权作为长期股权投资，实际支付的购买价款（包括相关税费）为50万元。购买股票的价款中包含甲公司应享有的乙公司已宣告发放但尚未发放的现金股利4万元。其账务处理如下：

①购入股票时

初始投资成本=500 000-40 000=460 000（元）

借：长期股权投资——乙公司   460 000

  应收股利   40 000

  贷：银行存款   500 000

②收到现金股利时

借：银行存款   40 000

  贷：应收股利   40 000

（2）通过非货币性资产交换取得的长期股权投资。通过非货币性资产交换取得的长期股权投资，应当按照非货币性资产的评估价值与相关税费之和，借记"长期股权投资"科目，按照换出非货币性资产的账面价值，贷记"固定资产清理"、"无形资产"等科目，按照支付的相关税费，贷记"应交税费"等科目，按照其差额，贷记"营业外收入"或借记"营业外支出"等科目。

【例4-3】甲公司以一台设备对乙公司进行投资。该设备账面原值为500 000元，累计折旧为100 000元，评估价值为420 000元。另外，甲公司支付固定资产清理费用6 000元，应交营业税21 000元。则其会计处理如下：

借：固定资产清理   400 000

  累计折旧   100 000

  贷：固定资产   500 000

借：固定资产清理   6 000

  贷：银行存款   6 000

借：固定资产清理   21 000

  贷：应交税费——应交营业税   21 000

借：长期股权投资——乙公司   441 000

  贷：固定资产清理   427 000

    营业外收入   14 000

2. 长期股权投资的后续计量

《小企业会计准则》中规定长期股权投资统一采用成本法进行后续计量。被投资单位宣告分派的现金股利或利润，应当按照应分得的金额确认为投资收益。

【例4-4】甲公司2013年1月1日以银行账款购入乙公司10%的股票，并长期持有，实际投资成本3 000 000元。乙公司于当年6月1日宣告分派上年的现金股利 270 000 元；2014 年 6 月 1 日宣告分派现金股利 480 000 元。甲企业的会计处理如下：

①2013 年 6 月 1 日宣告发放现金股利

借：应收股利　　　　　　　　　　　　　　　　　　　270 000
　　贷：投资收益　　　　　　　　　　　　　　　　　　270 000

②2014 年 6 月 1 日宣告发放现金股利时

借：应收股利　　　　　　　　　　　　　　　　　　　480 000
　　贷：投资收益　　　　　　　　　　　　　　　　　　480 000

3. 长期股权投资损失

小企业的长期股权投资符合下列条件之一的，减除可收回的金额后确认的无法收回的长期股权投资，可以作为长期股权投资损失：

（1）被投资方依法宣告破产、关闭、解散、被撤销，或者被依法注销、吊销营业执照的；

（2）被投资方财务状况严重恶化，累计发生巨额亏损，已连续停止经营 3 年以上，且无重新恢复经营改组计划的；

（3）对被投资方不具有控制权，投资期限届满或者投资期限已超过 10 年，且被投资单位因连续 3 年经营亏损导致资不抵债的；

（4）被投资方财务状况严重恶化，累计发生巨额亏损，已完成清算或清算期超过 3 年以上的；

（5）国务院财政、税务主管部门规定的其他条件。

长期股权投资损失不计提长期股权投资减值准备，应当于实际发生时计入营业外支出，同时冲减长期股权投资。会计分录为：

借：银行存款
　　营业外支出
　　贷：长期股权投资

【例 4 - 5】甲公司 2013 年 1 月 1 日以银行账款购入乙公司 10% 的股票，并长期持有，实际投资成本 5 000 000 元。2014 年底，被投资方财务状况严重恶化，累计发生巨额亏损，已连续停止经营 3 年以上，且无重新恢复经营改组计划。甲公司 2014 年 12 月 31 日收回长期股权投资款 3 000 000 元，其余确认为长期股权投资损失。会计分录为：

借：银行存款   3 000 000

  营业外支出   2 000 000

  贷：长期股权投资   5 000 000

4. 长期股权投资的处置

企业持有长期股权投资的过程中，由于各方面的考虑，决定将所持有的对被投资单位的股权全部或部分对外出售时，应相应结转与所售股权相对应的长期股权投资的账面价值，出售所得价款与处置长期股权投资账面价值之间的差额，应确认为投资损益。

【例 4 - 6】仍以【例 4 - 4】资料，2015 年 3 月 20 日，甲公司将其股权全部出售，所得价款为 1 800 000 元。会计分录为：

借：银行存款   1 800 000

  投资收益   1 200 000

  贷：长期股权投资   3 000 000

延伸阅读

与《企业会计准则》的区别

在我国的《企业会计准则》中，有专门的长期股权投资的会计准则。但与《小企业会计准则》中的长期股权投资概念不太一样。

《企业会计准则第 2 号——长期股权投资》规定，长期股权投资是指企业准备长期持有的权益性投资。按投资企业与被投资企业的关系分为控制（对子公司投资）、共同控制（对合营企业投资）、重大影响（对联营企业投资）、无控制、共同控制和重大影响，并且在活跃市场中没有报价、公允价值不能可靠计量的权益性投资四种情况（如果是无控制、共同控制和重大影响，但在活跃市场中有报价、公允价值能可靠计量的权益性投资，应计入可供出售金融资产）。

长期股权投资的取得方式分为企业合并形成和企业合并以外其他方式取得两种情况，企业合并形成又分为同一控制下企业合并形成和非同一控制下企业合并形成两种。长期股权投资的后续计量有成本法和权益法两种情况，对子公司的投资和对被投资单位不具有共同控制和重大影响，且在活跃市场中没有报价、公允价值不能可靠计量的长期股权投资采用成本法；对合营企业和联营企业的投资采用权益法。

《小企业会计准则》中的长期股权投资包括《企业会计准则》规定的长期股权投资和可供出售金融资产中的一部分。首先，不包括对子公司的投资，因为集团公司中的母公司和子公司均不得执行《小企业会计准则》，这样也就不存在企业合并取得长期股权投资的情况；其次，也不再对其余三种情况进行分类，它仅仅规定，企业取得的权益性投资持有期限准备超过一年，就计入长期股权投资。最后，其后续计量只采用成本法。

《企业会计准则第2号——长期股权投资》和《企业会计准则第22号——金融工具确认和计量》规定应对长期股权投资和可供出售金融资产计提减值准备。《小企业会计准则》规定不计提长期股权投资减值准备，长期股权投资损失应当于实际发生时计入营业外支出，同时冲减长期股权投资。

4.3 固定资产

固定资产是企业赖以生存的物质基础，是企业产生效益的源泉，关系到企业的运营与发展。《小企业会计准则》规定，固定资产是指小企业为生产商品、提供劳务、出租或经营管理而持有的，使用寿命超过一个会计年度的有形资产。具体包括：房屋、建筑物、机器、机械、运输工具、设备、器具、工具等。从定义上看，固定资产具有以下三个特征：

第一，固定资产是为生产商品、提供劳务、出租或经营管理而持有。这意味着，固定资产是作为企业的一种劳动工具或手段，而不是直接用于出售。例如，房地产开发商拥有的房屋建筑物，就不能列为固定资产，只能作为存货。

第二，固定资产使用寿命较长，通常在一年以上或超过一个会计年度。这意味着，固定资产属于长期资产，随着使用和磨损，需要通过计提折旧方式逐渐减少其账面价值。

第三，固定资产为有形资产，具有实物特征。这一特征是区别固定资产与无形资产的关键。有些无形资产可能同时符合固定资产的其他特征，但由于没有实物形态，因此它不属于固定资产。

4.3.1 固定资产的确认和初始计量

1. 固定资产确认

固定资产在符合定义的前提下，应当同时满足以下两个条件，才能加以确认。

（1）与该固定资产有关的经济利益很可能流入企业。判断与固定资产有关的经济利益是否很可能流入企业，主要判断与该固定资产所有权相关的风险和报酬是否转移到了企业。通常情况下，凡是所有权已属于企业，不论是否收到或持有该固定资产，均应作为本企业的固定资产；反之，如果没有取得所有权，即使固定资产存放在企业，也不能作为企业的固定资产。但有些情况下，某项固定资产的所有权虽然不属于企业，但企业能够控制该项固定资产所包含的经济利益，就可以认为与固定资产所有权相关的风险和报酬实质上已转移给企业，也可以作为企业的固定资产加以确认。

工业企业所持有的工具、用具、备品备件、维修设备等资产，施工企业所持有的模板、挡板、架料等周转材料，以及地质勘探企业所持有的管材等资产，尽管该类资产具有固定资产的某些特征，如，使用期限超过一年，也能够带来经济利益，但由于数量多、单价低，考虑到成本效益原则，在实务中，通常确认为存货。

对于构成固定资产的各组成部分，如果各自具有不同使用寿命或者以不同方式为企业提供经济利益，适用不同折旧率或折旧方法的，其实际上是以独立的方式为企业提供经济利益，因此，企业应当分别将各组成部分确认为单项固定资产。另外，由于安全或环境的要求购入的设备等，虽然不能直接给企业带来未来经济利益，但有助于企业从其他相关资产的使用中获得未来经济利益，也应确认为固定资产。

（2）该固定资产的成本能够可靠地计量。企业在确定固定资产成本时必须取得相应的确凿的证据，但有时需要根据所获得的最新资料，对固定资产的成本进行合理估计。例如，企业对于已经达到预定可使用状态但尚未办理竣工决算的固定资产，需要根据相关资料，按估价确认其成本，办理竣工决算后，再按照实际成本调整原来的暂估价值。

2. 固定资产初始计量

根据准则第二十八条，固定资产应当按照成本进行计量。在实务中，企业取得固定资产的方式是多种多样的，其成本的具体构成及确定方法也不尽相同。

（1）外购固定资产。企业外购固定资产的成本，包括购买价款、相关税费、运输费、装卸费、安装费等，但不包括按照税法规定可以抵扣的增值进项税额。

外购固定资产是否达到预定可使用状态，需要根据具体情况进行分析判断。如果购入的固定资产不需安装即可发挥作用，购入后即可达到预定可使用状态。如果购入的固定资产只有安装调试后才能达到设计要求或合同规定标准的，等安装调试过程完成后才达到预定可使用状态。

以一笔款项购入多项没有单独标价的固定资产，如果这些资产均符合固定资产的定义，并满足固定资产的确认条件，应当按照各项固定资产市场价格或类似资产的市场价格比例对总成本进行分配，分别确定各项固定资产的成本。如果以一笔款项购入的多项资产中还包括固定资产以外的其他资产，也应按类似的方法予以处理。

【例4-7】甲公司为一家制造业小企业。2013年4月，它向乙公司一次购入三套不同型号且不同生产能力的A、B两种设备。甲公司为该批设备共支付货款80 000元，增值税进项税额13 600元，其他费用为10 000元，全部以银行存款支付；假定A、B设备分别满足固定资产确认条件，其价值分别为50 000元和30 000元，假设不考虑其他相关税费。A、B两种设备均不需要安装，直接投入使用。

甲公司的会计处理如下：

①确定应计入固定资产成本的金额，包括购买价款以及其他费等，增值税进项税额按照税法规定可以抵扣，不作为购买成本，即

固定资产成本总金额为：80 000 + 10 000 = 90 000（元）

②确定A、B设备各自的成本

A设备的成本 = 90 000 × 50 000/80 000 = 56 250（元）

B设备的成本 = 90 000 × 30 000/80 000 = 33 750（元）

③进行如下账务处理

借：固定资产——A	56 250
——B	33 750
应交税费——应交增值税（进项税额）	13 600
贷：银行存款	103 600

假如设备需要安装，应先计入"在建工程"科目，安装完成后再转入"固定资产"科目。

【例4-8】仍以【例4-7】资料，假如设备需要安装，安装费用为2 000元，以银行存款支付。则会计处理为：

①购入设备时

借：在建工程——A		56 250
——B		33 750
应交税费——应交增值税（进项税额）		13 600
贷：银行存款		103 600

②支付安装费用

A设备分摊的安装费用 = 2 000 × 56 250/90 000 = 1250（元）

B设备分摊的安装费用 = 2 000 × 33 750/90 000 = 750（元）

借：在建工程——A		1 250
——B		750
贷：银行存款		2 000

③设备安装完毕，投入使用

借：固定资产——A		57 500
——B		34 500
借：在建工程——A		57 500
——B		34 500

（2）自行建造固定资产。自行建造固定资产的成本，应当按照建造该项资产在竣工决算前发生的支出确定，包括工程用物资成本、人工成本、交纳的相关税费、应予资本化的借款费用以及应分摊的间接费用等。

在建工程按照实施方式的不同，可分为自营工程和出包工程两种。无论采用何种方式，所建工程都应当按照实际发生的支出确定其工程成本并通过"在建工程"科目单独计算。

①自营方式建造固定资产。企业以自营方式建造固定资产，是指企业自行组织工程物资采购、自行组织施工人员从事工程施工完成固定资产建造。

企业为建造固定资产准备的各种物资应当按照实际支付的买价、运输费、保险费等相关税费作为实际成本，并按照各种专项物资的种类进行明细核算。工程完工后，剩余的工程物资转为本企业存货的，按其实际成本进行结转。

建造固定资产领用的工程物资、原材料或库存商品，应按其实际成本转入所建工程成本。自营方式建造固定资产应负担的职工薪酬，辅助生产部门提供的水、电、修理、运输等劳务，以及其他必要支出等也应计入所建工程项目的成本。

小企业自营工程在竣工决算前发生的借款利息，应当根据借款合同利率计算确定的利息费用，计入在建工程项目的成本；办理竣工决算后发生的利息费用，计入财务费用。

小企业在建工程在试运转过程中形成的产品或者副产品对外销售或转为库存商品，不冲减在建工程成本。

企业以自营方式建造固定资产，发生的工程成本应通过"在建工程"科目核算，工程完工达到预定可使用状态时，从"在建工程"科目转入"固定资产"科目。具体会计处理为：

工程建设过程中发生的一系列项目支出：

借：在建工程

　　贷：原材料（领用的工程物资）

　　　　应付职工薪酬

　　　　库存商品（使用本企业的产品或商品）

　　　　应付利息（资本化的借款利息）

　　　　银行存款等

小企业在建工程在试运转过程中发生的支出，会计处理为：

借：在建工程

　　贷：银行存款等

小企业在建工程在试运转过程中形成的产品、副产品（转为库存商品）或试车收入冲减在建工程成本，会计处理为：

借：银行存款、库存商品等

　　贷：在建工程

小企业自营工程办理决算竣工

借：固定资产

　　贷：在建工程

②出包方式建造固定资产。采用出包方式建造固定资产，企业要与建造承包

商签订建造合同。企业是建造合同的甲方，负责筹集资金和组织管理工程建设，通常称为建设单位；建造承包商是建造合同的乙方，负责建筑安装工程施工任务。实务中，企业的新建、改建、扩建等建设项目，通常均采用出包方式。

按照合同规定预付承包单位工程价款，会计分录为：

借：预付账款

　　贷：银行存款等

　　　　按工程进度结算工程价款

借：在建工程

　　贷：预付账款

工程完工收到承包单位账单，会计处理为：

借：固定资产

　　贷：在建工程

（3）投资者投入固定资产。投资者投入固定资产的成本，应当按照评估值和相关税费确定。会计分录为：

借：固定资产

　　贷：实收资本

　　　　资本公积

（4）融资租入的固定资产。租赁分为融资租赁和经营租赁，满足下列标准之一的，即应认定为融资租赁。除融资租赁以外的租赁为经营租赁。

①在租赁期届满时，租赁资产的所有权转移给承租人。也就是说，如果在租赁协议中已经约定，或者根据其他条件在租赁开始日就可以合理地判断，租赁期届满时出租人会将资产的所有权转移给承租人，那么该项租赁应当认定为融资租赁。

②承租人有购买租赁资产的选择权，所订立的购买价款预计将远低于行使选择权时租赁资产的价值，因而在租赁开始日就可合理地确定承租人将会行使这种选择权。

③即使资产的所有权不转移，但租赁期占租赁资产使用寿命的大部分。这里的"大部分"掌握在租赁期占租赁开始日租赁资产使用寿命的75%以上（含75%）。

④承租人租赁开始日的最低租赁付款额的现值，几乎相当于租赁开始日租赁

资产公允价值；出租人在租赁开始日最低租赁收款额的现值，几乎相当于租赁开始日租赁资产公允价值。这里的"几乎相当于"，通常掌握在90%以上。

⑤租赁资产性质特殊，如果不做较大改造，只有承租人才能使用。这条标准是指租赁资产是由出租人根据承租人对资产型号、规格等方面的特殊要求专门购买或建造的，具有专购、专用性质。这些租赁资产如果不做较大的重新改制，其他企业通常难以使用。在这种情况下，该项租赁也应当认定为融资租赁。

融资租入的固定资产的成本，应当按照租赁合同约定的付款总额和在签订租赁合同过程中发生的相关税费等确定。

【例4-9】2013年12月1日，甲公司与乙公司签订了一份租赁合同，向乙公司租入设备一台。租赁期为2014年1月1日至2016年12月31日，共36个月。自2014年1月1日，每隔6个月于月末支付租金150 000元。甲公司在租赁谈判和签订租赁合同过程中发生可归属于租赁项目的手续费、差旅费1 000元。租赁期届满时，甲公司享有优惠购买该机器的选择权，购买价为100元，估计该日租赁资产的价值为80 000元。

因为本例中存在优惠购买选择权，优惠购买价100元远低于行使选择权日租赁资产的价值80 000元，所以在租赁开始日，即2013年12月1日就可合理确定甲公司将会行使这种选择权，符合第②条判断标准，故该租赁为融资租赁。

小企业在租赁期开始日，按照租赁合同约定的付款总额和在签订租赁合同过程中发生的相关税费等，借记"固定资产"或"在建工程"科目，贷记"长期应付款"科目。故会计处理为：

借：固定资产　　　　　　　　　　　　　　　　　　　901 000
　　长期应付款　　　　　　　　　　　　　　　　　　900 000
　　银行存款　　　　　　　　　　　　　　　　　　　　1 000

（5）以分期付款方式购入固定资产。

【例4-10】2013年1月1日，甲公司与乙公司签订一项购货合同，甲公司从乙公司购入一台不需要安装的大型机器设备。合同约定，甲公司采用分期付款方式支付价款。该设备价款共计900 000元（不含增值税），首期款项150 000元及增值税于2013年1月1日支付，其余款项在2013年至2016年的5年期间平均支付，每年的付款日期为当年12月31日。其会计处理为：

借：固定资产　　　　　　　　　　　　　　　　　　　900 000

应交税费——应交增值税（进项税额）	153 000
贷：银行存款	303 000
长期应付款	750 000

（6）盘盈固定资产的成本。盘盈的固定资产，应当按照同类或者类似固定资产的市场价格或评估价值，扣除按照该项固定资产新旧程度估计的折旧后的余额确定。会计分录为：

借：固定资产

　　贷：待处理财产损溢——待处理非流动资产损溢

经过确认属于公司的资产，会计处理为：

借：待处理财产损溢——待处理非流动资产损溢

　　贷：营业外收入

4.3.2　固定资产的后续计量

后续计量主要包括固定资产折旧的计提以及后续支出的计量。

1. 固定资产折旧

折旧，是指在固定资产使用寿命内，按照确定的方法对应计折旧额进行系统分摊。与固定资产折旧相关的几个概念如下。

应计折旧额，是指应当计提折旧的固定资产的原价扣除其预计净残值后的金额。

预计净残值，是指固定资产预计使用寿命已满，企业从该项固定资产处置中获得的扣除预计处置费用后的金额。

已提足折旧，是指已经提足该项固定资产的应计折旧额。

（1）计提折旧的固定资产范围。小企业应当对所有固定资产计提折旧，但已提足折旧仍继续使用的固定资产和单独计价入账的土地除外。小企业应当自固定资产投入使用月份的次月起按月计提折旧；停止使用的固定资产，应当自停止使用月份的次月起停止计提折旧。

影响固定资产折旧的因素主要有四个：

①固定资产原价，即固定资产的账面价值。

②预计净残值。

③固定资产的预计使用寿命。

固定资产的预计使用寿命可以用时间表示，如年或月；也可以用工作时数、工作时间和产量表示，一般情况下都是按照时间表示。除国务院财政、税务主管部门另有规定外，固定资产计提折旧的最低年限可参考如下：房屋、建筑物，为20年；机器、机械和其他生产设备，为10年；与生产经营活动有关的器具、工具、家具等，为5年；飞机、火车、轮船以外的运输工具，为4年；电子设备，为3年。

④折旧方法。

在固定资产使用过程中，其所处的经济环境、技术环境以及其他环境有可能对固定资产使用寿命和预计净残值产生较大影响。小企业应当根据固定资产的性质和使用情况，合理确定固定资产的使用寿命和预计净残值。固定资产的折旧方法、使用寿命、预计净残值一经确定，不得随意变更。

企业应当根据《小企业会计准则》的规定，结合实际情况，制定固定资产目录、分类方法、每类或每项固定资产的预计使用寿命、预计净残值、折旧方法等，并编制成册，按照企业管理权限，经股东大会或董事会或经理（厂长）会议或类似机构批准，按照法律、行政法规的规定报送有关各方备案，同时备置于企业所在地，以供投资者等有关各方查阅。企业已经确定并对外报送，或备置于企业所在地的有关固定资产目录、分类方法、预计净残值、预计使用寿命、折旧方法等，一经确定不得随意变更，如需变更，应仍然按照上述程序，经批准后报送有关各方备案，并在报表附注中予以说明。

下面重点介绍一下折旧方法。

（2）固定资产折旧方法。小企业应当按照年限平均法（即直线法，下同）计提折旧，小企业的固定资产由于技术进步等原因，确需加速折旧的，可以采用双倍余额递减法和年数总和法。选用不同的固定资产折旧方法，将影响企业固定资产使用寿命期间内不同时期的折旧费用，因此，固定资产的折旧方法一经确定，不得随意变更。

①年限平均法。年限平均法又称直线法，是指将固定资产的应计折旧额均衡地分摊到固定资产预计使用寿命内的一种方法。采用这种方法计算的每期折旧额均相等。计算公式如下：

年折旧率 = （1 - 预计净残值率）÷ 预计使用寿命（年）× 100%

月折旧率 = 年折旧率 ÷ 12

月折旧额＝固定资产原价×月折旧率

【例4－11】甲公司有一台机器设备，原价为100万元，预计使用寿命10年，预计净残值为5万元，则甲公司按年限平均法的折旧率与折旧额为：

年折旧率＝（100－5）/10＝9.5%

年折旧额＝100×9.5%＝9.5万元

②双倍余额递减法。双倍余额递减法，是指在不考虑固定资产预计净残值的情况下，根据每期期初固定资产原价减去累计折旧后的金额和双倍的直线法折旧率计算固定资产折旧的一种方法。应用这种方法计算折旧额时，由于每年年初固定资产净值没有扣除预计净残值，所以在计算固定资产折旧额时，应在其折旧年限到期前两年内，将固定资产净值扣除预计净残值后的余额平均摊销。计算公式如下：

年折旧率＝2÷预计使用寿命（年）×100%

月折旧率＝年折旧率÷12

月折旧额＝固定资产原价×月折旧率

【例4－12】沿用【例4－11】的资料，若甲公司采用双倍余额递减法，则其每年的折旧额如表4－1所示。

表4－1　　　　　　　　双倍余额递减法下折旧额的计算　　　　　　　　单位：元

年　份	原　价	预计使用寿命	预计净残值	年折旧率（%）	年折旧额	累计折旧额	余　额
第1年	1 000 000	10	50 000	20	200 000	200 000	800 000
第2年	1 000 000			20	160 000	360 000	640 000
第3年	1 000 000			20	128 000	488 000	512 000
第4年	1 000 000			20	102 400	590 400	409 600
第5年	1 000 000			20	81 920	672 320	327 680
第6年	1 000 000			20	65 536	737 856	262 144
第7年	1 000 000			20	52 429	790 285	209 715
第8年	1 000 000			20	41 943	832 228	167 772
第9年	1 000 000			20	58 886	891 114	108 886
第10年	1 000 000			20	58 886	950 000	50 000
合　计					950 000		

③年数总和法。年数总和法，又称年限合计法，是指将固定资产的原价减去预计净残值后的余额，乘以一个以固定资产尚可使用寿命为分子、以预计使用寿命逐年数字之和为分母的逐年递减的分数计算每年的折旧额。计算公式如下：

年折旧率＝尚可使用年限÷预计使用寿命的年数总和×100%

月折旧率＝年折旧率÷12

月折旧额＝（固定资产原价－预计净残值）×月折旧率

【例4－13】沿用【例4－11】的资料，采用年数总和法计算的各年折旧额如下表4－2所示。

表4－2　　　　　　　　双倍余额递减法下折旧额的计算　　　　　　　单位：元

年　份	尚可使用寿命	原价－预计净残值	年折旧率	每年折旧额	累计折旧额
第1年	10	950 000	10/55	172 727.27	172 727.28
第2年	9	950 000	9/55	155 454.55	328 181.83
第3年	8	950 000	8/55	138 181.82	466 363.64
第4年	7	950 000	7/55	120 909.09	587 272.73
第5年	6	950 000	6/55	103 636.36	690 909.10
第6年	5	950 000	5/55	86 363.64	777 272.73
第7年	4	950 000	4/55	69 090.91	846 363.64
第8年	3	950 000	3/55	51 818.18	898 181.83
第9年	2	950 000	2/55	34 545.45	932 727.28
第10年	1	950 000	1/55	17 272.73	950 000.00
合　计				950 000.00	

（3）固定资产折旧的会计处理。小企业应当按月计提固定资产折旧，通过"累计折旧"科目核算，并根据用途计入相关资产的成本或者当期损益。借记"制造费用"、"管理费用"等科目，贷记"累计折旧"科目。

【例4－14】甲企业2013年1月份固定资产折旧计提情况如下：生产车间厂房计提折旧7万元，机器设备计提折旧3万元；管理部门房屋建筑物计提折旧8万元，运输工具计提折旧3万元，则该企业本月计提折旧的账务处理为：

借：制造费用——生产车间　　　　　　　　　　　　　　　　100 000

　　管理费用　　　　　　　　　　　　　　　　　　　　　　110 000

　　贷：累计折旧　　　　　　　　　　　　　　　　　　　　210 000

2. 固定资产的后续支出

固定资产的后续支出是指固定资产使用过程中发生的改建支出、修理费用等。

（1）固定资产改建支出。固定资产的改建支出，是指改变房屋或者建筑物结构、延长使用年限等发生的支出。固定资产在使用过程中进行改建的，除已提足折旧的固定资产和经营租入固定资产以外，其他固定资产的改建支出应当计入固定资产成本。具体会计处理程序为：当准备进行改建时，企业一般应将该固定资产的原价、已计提的累计折旧转入在建工程，并停止计提折旧。发生的后续支出，通过"在建工程"科目核算。在固定资产发生的后续支出完工并达到预定可使用状态时，再从在建工程转为固定资产，并按重新确定的使用寿命、预计净残值和折旧方法计提折旧。若涉及替换原固定资产的某组成部分，当发生的后续支出符合固定资产确认条件时，应将其计入固定资产成本，同时将被替换部分的账面价值扣除。这样可以避免将替换部分的成本和被替换部分的成本同时计入固定资产成本，导致固定资产成本重复计算。

【例4-15】甲公司是一家从事工业制造小企业，有关资料如下：

2013年12月，该公司购买了一条生产线，其成本为600 000元；采用年限平均法计提折旧；预计净残值率为固定资产原价的3%，预计使用年限为6年。

2016年1月1日，由于生产的产品适销对路，现有生产线的生产能力已难以满足公司生产发展的需要，但若新建生产线成本过高，周期过长。于是公司决定对现有生产线进行改扩建，以提高其生产能力。假定该生产线未发生减值。

经过三个月的改扩建，完成了对这条生产线的改扩建工程，共发生支出300 000元，全部以银行存款支付。

该生产线改扩建工程达到预定可使用状态后，大大提高了生产能力，预计将其使用年限延长4年，即预计使用年限为10年。假定改扩建后的生产线的预计净残值率为改扩建后固定资产账面价值的3%；折旧方法仍为年限平均法。

为简化计算过程，整个过程不考虑其他相关税费；公司按年度计提固定资产折旧。

本例中，生产线改扩建后生产能力将大大提高，能够为企业带来更多的经济利益，改扩建的支出金额也能可靠计量，因此该后续支出符合固定资产的确认条件，应计入固定资产的成本。有关的会计处理如下：

①2014年1月1日至2015年12月31日两年间，该条生产线的应计折旧额＝

$600\,000 \times (1 - 3\%) = 582\,000$（元）

年折旧额 $= 582\,000 \div 6 = 97\,000$（元）

各年计提固定资产折旧的会计分录为：

借：制造费用	97 000
贷：累计折旧	97 000

②2016年1月1日，固定资产的账面价值 $= 600\,000 - (97\,000 \times 2) = 406\,000$（元）

固定资产转入改扩建：

借：在建工程	406 000
累计折旧	194 000
贷：固定资产	600 000

③2016年1月1日至3月31日，发生改扩建工程支出

借：在建工程	300 000
贷：银行存款	300 000

④2016年3月31日，生产线改扩建工程达到预定可使用状态，固定资产的入账价值 $= 406\,000 + 300\,000 = 706\,000$（元）

借：固定资产	706 000
贷：在建工程	706 000

⑤2016年3月31日转为固定资产后，按重新确定的使用寿命、预计净残值和折旧方法计提折旧

应计折旧额 $= 706\,000 \times (1 - 3\%) = 684\,820$（元）

月折旧额 $= 684\,820 \div (7 \times 12 + 9) = 7363.66$（元）

年折旧额 $= 7363.66 \times 12 = 88\,363.87$（元）

2016年应计提的折旧额 $= 7363.66 \times 9 = 66\,272.94$（元），会计分录为：

借：制造费用	66 272.94
贷：累计折旧	66 272.94

已提足折旧的固定资产和经营租入固定资产的改建支出，应在发生时计入"长期待摊费用"科目，然后按照使用年限按月摊销长期待摊费用，借记"制造费用"、"管理费用"等科目。

（2）固定资产修理费支出。固定资产修理费支出主要包括定期检查发生的大

修理费用和日常修理费。

《小企业会计准则》规定：固定资产的日常修理费应当在发生时根据固定资产的受益对象计入相关资产成本或者当期损益。会计处理为：

借：制造费用、管理费用

　　贷：银行存款等

固定资产的大修理支出，是指同时符合下列条件的支出：①修理支出达到取得固定资产时的计税基础50%以上；②修理后固定资产的使用寿命延长2年以上。固定资产在使用过程中发生的大修理支出，借记"长期待摊费用"科目，贷记"银行存款"等科目，然后按照使用年限按月摊销长期待摊费用，借记"制造费用"、"管理费用"等科目。

4.3.3　固定资产的处置

固定资产的处置包括固定资产的出售、报废、毁损、对外投资等。发生处置时，应当将处置收入扣除固定资产账面价值、相关税费和相关费用后的净额计入营业外收入或营业外支出。其会计处理一般经过以下几个步骤。

第一，固定资产转入清理。固定资产转入清理时，按固定资产净值，借记"固定资产清理"科目，按已计提的累计折旧，借记"累计折旧"科目，按固定资产账面余额，贷记"固定资产"科目。同时，按照税法规定不得从增值税销项税额中抵扣的进项税额，借记"固定资产清理"科目，贷记"应交税费——应交增值税（进项税额转出）"科目。

第二，发生的清理费用。固定资产清理过程中发生的有关费用以及应支付的相关税费，借记"固定资产清理"科目，贷记"银行存款"、"应交税费"等科目。

第三，收回出售固定资产、残料价值和变价收入的处理。企业收回出售固定资产的价款、残料价值和变价收入等，应冲减清理支出。按实际收到的出售价款以及残料变价收入等，借记"银行存款"、"原材料"等科目，贷记"固定资产清理"科目。

第四，保险赔偿的处理。企业计算或收到的应由保险公司或过失人赔偿的损失，应冲减清理支出，借记"其他应收款"、"银行存款"等科目，贷记"固定资产清理"科目。

第五，清理净损益的处理。固定资产清理完成后的净损失，借记"营业外支出——非流动资产处置净损失"科目，贷记"固定资产清理"科目。固定资产清理完成后的净收益，借记"固定资产清理"科目，贷记"营业外收入——非流动资产处置净收益"科目。

【例4-16】甲企业出售一台机器设备，其原价为120 000元，已提折旧20 000元，实际出售价格110 000元，对方已通过银行存款支付。出售时发生各种清理费用5 000元，已用银行存款支付。假设不考虑税收因素，则甲企业相关账务处理如下。

①将出售的设备转入清理，注销其原价和已提折旧

借：固定资产清理　　　　　　　　　　　　　　　　　100 000

　　累计折旧　　　　　　　　　　　　　　　　　　　　20 000

　　　贷：固定资产　　　　　　　　　　　　　　　　　120 000

②收回出售价款

借：银行存款　　　　　　　　　　　　　　　　　　　110 000

　　　贷：固定资产清理　　　　　　　　　　　　　　　110 000

③支付清理费用

借：固定资产清理　　　　　　　　　　　　　　　　　　5 000

　　　贷：银行存款　　　　　　　　　　　　　　　　　　5 000

④结转出售固定资产发生的净收益

借：固定资产清理　　　　　　　　　　　　　　　　　　5 000

　　　贷：营业外收入——非流动资产处置净收益　　　　　5 000

4.3.4　固定资产的盘亏

盘亏固定资产发生的损失应当计入营业外支出。

延伸阅读

与《企业会计准则》的区别

1. 关于资产减值准备的提取

《企业会计准则》要求固定资产按照《企业会计准则第8号——资产减值》的相关规定计提固定资产减值准备；《小企业会计准则》不要求对固定资产计提减值准备。

2. 关于对固定资产的使用寿命、预计净残值和折旧方法进行复核

《企业会计准则第4号——固定资产》第十九条规定，企业至少应当于每年年度终了，对固定资产的使用寿命、预计净残值和折旧方法进行复核；而《小企业准则》中规定企业的固定资产使用寿命、预计净残值和折旧方法一经确定，不得随意改变。

3. 关于投资者投入的固定资产成本

《企业会计准则第4号——固定资产》第十四条规定，投资者投入固定资产的成本，应当按照投资合同或协议约定的价值确定，但合同或协议约定的价值不公允的除外；《小企业会计准则》没有对合同或协议约定的价值不公允的情况做出规定。

4. 关于固定资产初始计量中的现值计量属性

《企业会计准则第4号——固定资产》规定，对购买固定资产的价款超过正常信用条件延期支付时，企业以购买价款的现值为基础确定固定资产的成本；《小企业会计准则》不要求按现值计量。

5. 盘盈的固定资产的处理

《企业会计准则第4号——固定资产》对盘盈的固定资产按照前期差错处理，计入"以前年度损益调整"科目；《小企业会计准则》要求计入营业外收入。

6. 关于固定资产弃置费用和持有待售固定资产的处理

《企业会计准则第4号——固定资产》对固定资产的弃置费用做了规定，《企业会计准则解释第1号》对持有待售的固定资产的处理做了详细的说明。《小企业会计准则》对上述两个方面均没有做出规定。

7. 关于固定资产大修理费用的处理

《企业会计准则第4号——固定资产》规定，企业对固定资产进行定期检查发生的大修理费用，有确凿证据表明符合固定资产确认条件的部分，可以计入固定资产成本，不符合固定资产的确认条件的应当费用化，计入当期损益；《小企业会计准则》规定，发生的符合税法规定的大修理支出，可以先计入长期待摊费用，然后进行摊销。

8. 关于计入固定资产成本的截止日期

《企业会计准则》下，截止到预定可使用状态；《小企业会计准则》下，截止到竣工决算前。

9. 关于融资租入固定资产成本的确定

《企业会计准则》规定，在租赁期开始日，承租人应当将租赁开始日租赁资产公允价值与最低租赁付款额现值两者中较低者作为租入资产的入账价值，将最低租赁付款额作为长期应付款的入账价值，其差额作为未确认融资费用；《小企业会计准则》规定，在租赁期开始日融资租入固定资产的成本，按照租赁合同约定的付款总额和在签订租赁合同过程中发生的相关税费确定。

10. 关于以分期付款方式购入固定资产成本的确定

《企业会计准则》规定，购入固定资产的成本应以各期付款额的现值之和确定，各期付款额之和与现值的差额计入"未确认融资费用"；《小企业会计准则》规定，购入固定资产的成本应当按照实际支付的购买价款和相关税费（不包括按照税法规定可抵扣的增值税进项税额）确定。

4.4 生物资产

生物资产是指有生命的动物和植物。生物资产与企业的存货、固定资产等一般资产不同，其具有特殊的自然增值性，因此导致其在会计确认、计量和相关信息披露等方面的特殊性。《小企业会计准则》将生物资产分为消耗性生物资产和生产性生物资产。

4.4.1 消耗性生物资产

消耗性生物资产是一种流动资产，属于存货的范畴，在本章进行论述主要是基于内容的完整性。消耗性生物资产，是指小企业（农、林、牧、渔业）生长中的大田作物、蔬菜、用材林以及存栏待售的牲畜等。

1. 消耗性生物资产的初始计量

《小企业会计准则》规定，消耗性生物资产按照成本进行初始计量。不同情况下取得资产的成本构成如表4-3所示。

2. 取得消耗性生物资产的会计处理

（1）采购或自行繁殖营造消耗性生物资产的会计处理。

按照表4-3确定的成本，做如下会计分录：

表 4 - 3　　　　　　　　　消耗性生物资产初始计量的成本构成

取得方式		成本构成
外部购入		购买价款、相关税费、运输费、保险费以及可直接归属于购买该资产的其他支出（场地整理费、装卸费、栽植费、专业人员服务费等）
自行繁殖营造	自行栽培的大田作物和蔬菜	在收获前耗用的种子、肥料、农药等材料费，人工费和应分摊的间接费用
	自行营造的林木类消耗性生物资产	郁闭*前发生的造林费、抚育费、营林设施费、良种试验费、调查设计费和应分摊的间接费用
	自行繁殖的育肥畜	出售前发生的饲料费、人工费和应分摊的间接费用
	水产养殖的动物和植物	在出售或入库前耗用的苗种、饲料、肥料等材料费，人工费和应分摊的间接费用

注：郁闭是林木类消耗性生物资产成本确定中的一个重要界限。郁闭为林学概念，通常是指一块林地上的林木的树干、树冠生长达到一定标准，林木成活率和保持率达到一定的技术规程要求。郁闭通常指林木类消耗性资产的郁闭度达 0.20 以上（含 0.20）。

郁闭度是指森林中乔木树冠遮蔽地面的程度，它是反映林分密度的指标，以林地树冠垂直投影面积与林地面积之比表示，以十分数表示，完全覆盖地面为 1。根据联合国粮农组织规定，郁闭度达 0.20 以上（含 0.20）的为郁闭林，其中一般以 0.20 ~ 0.70（不含 0.70）为中度郁闭，0.70 以上（含 0.70）为密郁闭；0.20 以下（不含 0.20）的为疏林（即未郁闭林）。

　　借：消耗性生物资产
　　　　贷：银行存款
　　　　　　应付账款等

（2）产畜或役畜淘汰转为育肥畜。

按转群时的账面价值，做如下会计分录。

　　借：消耗性生物资产
　　　　生产性生物资产累计折旧
　　　　贷：生产性生物资产

（3）择伐、间伐或抚育更新性质采伐而补植林木类消耗性生物资产发生的后续支出，做如下会计分录。

　　借：消耗性生物资产
　　　　贷：银行存款等

（4）林木类消耗性生物资产达到郁闭后发生的管护费用等后续支出，借记"管理费用"科目，贷记"银行存款"等科目。

（5）农业生产过程中发生的应归属于消耗性生物资产的费用，按应分配的金额，借记"消耗性生物资产"科目，贷记"生产成本"科目。

3. 消耗性生物资产收获为农产品

消耗性生物资产收获为农产品时，应按其账面余额，做如下会计分录。

  借：农产品

      贷：消耗性生物资产

4. 出售消耗性生物资产，应按实际收到的金额

  借：银行存款

      贷：主营业务收入等

         按其账面余额

  借：主营业务成本等

      贷：消耗性生物资产

消耗性生物资产的发出、清查盘点等与其他存货基本一样，在此不再赘述。

4.4.2　生产性生物资产

生产性生物资产，是指小企业（农、林、牧、渔业）为生产农产品、提供劳务或出租等目的而持有的生物资产，内容包括经济林、薪炭林、产畜和役畜等。

生产性生物资产与消耗性生物资产的不同点在于，生产性生物资产具备自我生长性，能够在持续的基础上予以消耗并在未来的一段时间内保持其服务能力或未来经济利益，它属于一种劳动手段，在一定程度上具有固定资产的特征。但是，不同于固定资产，生产性生物资产一般需要生长到一定阶段才开始具备生产的能力。

根据其是否具备生产能力（即是否达到预定生产经营目的）进一步划分，生产性生物资产可分为未成熟和成熟两类。前者指尚未达到预定生产经营目的，还不能够多年连续稳定产出农产品、提供劳务或出租的生产性生物资产，如尚未开始挂果的果树、尚未开始产奶的奶牛等；后者则指已经达到预定生产经营目的的生产性生物资产。达到预定生产经营目的，是指生产性生物资产进入正常生产期，可以多年连续稳定产出农产品、提供劳务或出租。达到预定生产经营目的是区分生产性生物资产成熟和未成熟的分界点，同时也是判断其相关费用停止资本化的时点，是区分其是否具备生产能力，从而是否计提折旧的分界点。企业应当根据具体情况结合正常生产期的确定，对生产性生物资产是否达到预定生产经营目的进行判断。

1. 生产性生物资产的初始计量

《小企业会计准则》规定，生产性生物资产按照成本进行初始计量。不同情况下取得资产的成本构成如表4-4所示。

表4-4　　　　　　　　　　生产性生物资产初始计量的成本构成

取得方式		成本构成
外部购入		购买价款、相关税费、运输费、保险费以及可直接归属于购买该资产的其他支出（场地整理费、装卸费、栽植费、专业人员服务费等）
自行营造繁殖	自行营造的林木类生产性生物资产	达到预定生产经营目的前发生的造林费、抚育费、营林设施费、良种试验费、调查设计费和应分摊的间接费用等必要支出
	自行繁殖的产畜和役畜	达到预定生产经营目的前发生的饲料费、人工费和应分摊的间接费用等必要支出

2. 取得生产性生物资产的会计处理

（1）外购的生产性生物资产。企业外购的生产性生物资产，按应计入该资产成本的金额，借记"生产性生物资产"科目，贷记"银行存款"、"应付账款"、"应付票据"等科目。企业一笔款项一次性购入多项生物资产时，购买过程中发生的相关税费、运输费、保险费等可直接归属于购买该资产的其他支出，应当按照各项生物资产的价款比例进行分配，分别确定各项生物资产的成本。

【例4-17】2013年1月，甲农业企业从市场上一次性购买了10头种牛和15头种猪，单价分别为3 000元和2 000元，支付的价款共计60 000元。此外，发生的运输费为4 000元，保险费为2 000元，装卸费为2 000元，款项全部以银行存款支付。有关计算如下：

①确定应分摊的运输费、保险费和装卸费

分摊比例＝（4 000＋2 000＋2 000）÷60 000＝13.33%

因此，10头种牛应分摊：10×3 000×13.3%＝4 000（元）

15 头种猪应分摊：15 × 2 000 × 13.3% = 4 000（元）

②确定种牛、种猪的入账价值

10 头种牛的入账价值：10 × 3 000 + 4 000 = 34 000（元）

15 头种猪的入账价值：15 × 2 000 + 4 000 = 34 000（元）

甲农业企业的账务处理如下：

借：生产性生物资产——种牛   34 000

      ——种猪   34 000

  贷：银行存款   68 000

（2）自行营造或繁殖的生产性生物资产。自行营造的林木类生产性生物资产、自行繁殖的产畜和役畜，应按构成林木类生产性生物资产、产畜和役畜的成本，借记"生产性生物资产"科目（未成熟生产性生物资产），贷记"原材料"、"银行存款"等科目。未成熟生产性生物资产达到预定生产经营目的时，按其账面余额，借记"生产性生物资产"科目（成熟生产性生物资产），贷记"生产性生物资产"科目（未成熟生产性生物资产）。

【例4-18】甲企业自2013年开始自行营造100公顷橡胶树，当年发生种苗费200 000元，平整土地和定植所需的机械作业费50 000元，定植当年抚育发生肥料及农药费200 000元、人员工资等500 000元。该橡胶树达到正常生产期为9年，从定植后至2022年又发生管护费用2 500 000元，以银行存款支付。甲企业的账务处理如下。

借：生产性生物资产——未成熟生产性生物资产（橡胶树） 950 000

  贷：原材料——种苗   200 000

      ——肥料及农药   200 000

    应付职工薪酬   500 000

    累计折旧   50 000

借：生产性生物资产——未成熟生产性生物资产（橡胶树） 2 500 000

  贷：银行存款   2 500 000

因此，2022年该100公顷橡胶树成熟时的成本为：950 000 + 2 500 000 = 3 450 000（元）

借：生产性生物资产——成熟生产性生物资产（橡胶树） 3 450 000

  贷：生产性生物资产——未成熟生产性生物资产（橡胶树） 3 450 000

（3）育肥畜转为产畜或役畜。育肥畜转为产畜或役畜，应按其账面余额，借记"生产性生物资产"科目，贷记"消耗性生物资产"科目。

（4）择伐、间伐或抚育更新等生产性采伐而补植林木类生产性生物资产发生的后续支出，借记"生产性生物资产"科目，贷记"银行存款"等科目。

生产性生物资产发生的管护、饲养费用等后续支出，借记"管理费用"科目，贷记"银行存款"等科目。

3. 生产性生物资产的后续计量

成熟的生产性生物资产进入正常生产期，即可以多年连续稳定产出农产品、提供劳务或出租，应当按期计提折旧，以与其给企业带来的经济利益流入相配比，在生产性生物资产的使用寿命内，按照确定的方法对应计折旧额进行系统分摊。其中，应计折旧额是指应当计提折旧的生产性生物资产的原价扣除预计净残值后的余额；预计净残值是指预计生产性生物资产使用寿命结束时，在处置过程中所发生的处置收入扣除处置费用后的余额。

（1）预计生产性生物资产的使用寿命。小企业确定生产性生物资产的使用寿命，应当考虑的因素包括该资产的预计产出能力或实物产量，该资产的预计有形损耗及无形损耗等。在实务中，企业应在考虑这些因素的基础上，结合不同生产性生物资产的具体情况做出判断。在相同的环境下，同样的生产性生物资产的预计使用寿命应该基本相同。

生产性生物资产计提折旧的最低年限可参考如下：

①林木类生产性生物资产，为 10 年。

②畜产类生产性生物资产，为 3 年。

（2）生产性生物资产的折旧方法。《小企业会计准则》规定了小企业（农业）应当按照年限平均法计提折旧。自生产性生物资产投入使用月份的次月起按月计提折旧；停止使用的生产性生物资产，应当自停止使用月份的次月起停止计提折旧。

（3）确定生产性生物资产的使用寿命、预计净残值和折旧方法。企业应当结合本企业的具体情况，根据生产性生物资产的类别，制定适合本企业的生产性生物资产目录、分类方法。对于达到预定经营目的的生产性生物资产，还应根据生产性生物资产的性质、使用情况和有关经济利益的预期实现方式，合理确定生产性生物资产的使用寿命、预计净残值和折旧方法，作为进行生产性生物资产核算的依据。

企业制定的生产性生物资产目录、分类方法、预计使用寿命、预计净残值、折旧方法等，应当编制成册，并按照管理权限，经股东大会或董事会，或经理（场长）会议或类似机构批准，按照法律、行政法规的规定报送有关各方备案，同时备置于企业所在地，以供投资者等有关各方查阅。企业已经确定并对外报送，或备置于企业所在地的有关生产性生物资产目录、分类方法、预计净残值、预计使用寿命、折旧方法等，一经确定不得随意变更，如需变更，应仍然按照上述程序，经批准后报送有关各方备案，并在报表附注中予以说明。

（4）生产性生物资产计提折旧的账务处理。企业应当按期对达到预定生产经营目的的生产性生物资产计提折旧，并根据受益对象分别计入将收获的农产品成本、劳务成本、出租费用等。对成熟生产性生物资产按期计提折旧时，借记"生产成本"、"管理费用"等科目，贷记"生产性生物资产累计折旧"科目。

【例 4 – 19】甲农业企业种植橡胶 150 公顷，已发生成本 330 000 元，其折旧年限为 20 年，预计净残值为 30 000 元，则每年甲企业的折旧账务处理如下。

借：生产成本 15 000

贷：生产性生物资产累计折旧 15 000

4. 生产性生物资产的处置

（1）收获生产性生物资产。

生产性生物资产的收获是指农产品从生产性生物资产上分离，如从苹果树上采摘下苹果、奶牛产出牛奶等。生产性生物资产具备自我生长性，能够在生产经营中长期、反复使用，从而不断产出农产品。从生产性生物资产上收获农产品后，生产性生物资产这一母体仍然存在。农业生产过程中发生的各项生产费用，按照经济用途可以分为直接材料、直接人工等直接费用以及间接费用，企业应当区别处理。

①农产品收获过程中发生的直接材料、直接人工等直接费用，直接计入相关成本核算对象，借记"农业生产成本——农产品"科目，贷记"库存现金"、"银行存款"、"原材料"、"应付职工薪酬"、"生产性生物资产累计折旧"等科目。

②农产品收获过程中发生的间接费用，如材料费、人工费、生产性生物资产的折旧费等应分摊的共同费用，应当在生产成本归集，借记"农业生产成本——共同费用"科目，贷记"库存现金"、"银行存款"、"原材料"、"应付职工薪

酬"、"生产性生物资产累计折旧"等科目；在会计期末按一定的分配标准，分配计入有关的成本核算对象，借记"农业生产成本——农产品"科目，贷记"农业生产成本——共同费用"科目。

实务中，常用的间接费用分配方法通常以直接费用或直接人工为基础，直接费用比例法以生物资产或农产品相关的直接费用为分配标准，直接人工比例法以直接从事生产的工人工资为分配标准，其公式为：

间接费用分配率 = 间接费用总额 ÷ 分配标准（即直接费用总额或直接人工总额）×100%

某项生物资产或农产品应分配的间接费用额 = 该项资产相关的直接费用或直接人工 × 间接费用分配率

除此之外，还可以直接材料、生产工时等为基础进行分配，企业可根据实际情况加以选用。

③在收获时点，企业应当将该时点归属于某农产品生产成本的账面价值结转为农产品的成本，借记"农产品"科目，贷记"农业生产成本——农产品"科目。具体的成本结转方法包括加权平均法、个别计价法、蓄积量比例法、轮伐期年限法等。企业可以根据实际情况选用合适的成本结转方法，但是一经确定，不得随意变更。

蓄积里比例法、轮伐期年限法等都是林业中通常使用的方法，具有林业的特殊性。

蓄积量比例法以达到经济成熟可供采伐的林木为"完工"标志，将包括已成熟和未成熟的所有林木按照完工程度（林龄、林木培育程度、费用发生程度等）折算为达到经济成熟可供采伐的林木总体蓄积量，然后按照当期采伐林木的蓄积量占折算的林木总体蓄积量的比例，确定应该结转的林木资产成本。该方法主要适用于择伐方式和林木资产由于择伐更新使其价值处于不断变动的情况下。其计算公式如下：

某期应结转的林木资产成本 = （当期采伐林木的蓄积量 ÷ 林木总体蓄积量）× 期初林木资产账面总值

轮伐期年限法将林木原始价值按照可持续经营的要求，在其轮伐期的年份内平均摊销，并结转林木资产成本。其中，轮伐期是指将一块林地上的林木均衡分批、轮流采伐一次所需要的时间（通常以年为单位计算）。计算公式如下：

某期应结转的林木资产成本 = 林木资产原值 ÷ 轮伐期

折耗率法按照采伐林木所消耗林木蓄积量占到采伐为止预计该地区、该树种可能达到的总蓄积量摊销、结转所采伐林木资产成本。计算公式如下：

采伐的林木应摊销的林木资产价值 = 折耗率 × 所采伐林木的蓄积量

折耗率 = 林木资产总价值 ÷ 到采伐为止预计的总蓄积量

其中，折耗率应分树种、地区分别测算。林木资产总价值是指该地区、该树种的营造林历史成本总和；预计总蓄积量是指到采伐为止预计该地区、该树种可能达到的总蓄积量。

（2）生产性生物资产的处置。

①出售。生物资产出售时，企业应按实际收到的金额，借记"银行存款"等科目，贷记"主营业务收入"等科目；应按其账面余额，借记"主营业务成本"等科目，贷记"生产性生物资产"科目，已计折旧的，还应同时结转累计折旧。

②盘亏或死亡、毁损。生物资产盘亏或死亡、毁损时，应当将处置收入扣除其账面价值和相关税费后的余额先记入"待处理财产损溢"科目，待查明原因后，根据企业的管理权限，经股东大会、董事会、经理（场长）会议或类似机构批准后，在期末结账前处理完毕。生物资产因盘亏或死亡、毁损造成的损失，在减去过失人或者保险公司等的赔款和残余价值之后，计入营业外支出。

【例4-20】甲企业于2013年8月1日丢失三头种牛，账面原值为1600元，已经计提折旧600元；8月29日经查实，饲养员张某应赔偿500元。甲企业的账务处理如下：

借：待处理财产损溢　　　　　　　　　　　　　　　　　　　　　　　1 000
　　生产性生物资产累计折旧　　　　　　　　　　　　　　　　　　　　 600
　　　贷：生产性生物资产——种猪　　　　　　　　　　　　　　　　1 600

借：其他应收款——张某　　　　　　　　　　　　　　　　　　　　　　500
　　营业外支出——非流动资产处置净损失　　　　　　　　　　　　　　500
　　　贷：待处理财产损溢　　　　　　　　　　　　　　　　　　　　1 000

③转换。生物资产改变用途后的成本应当按照改变用途时的账面价值确定，也就是说，将转出生物资产的账面价值作为转入资产的实际成本。通常包括产畜或役畜淘汰转为育肥畜，或者林木类生产性生物资产转为林木类消耗性生物资产；

育肥畜转为产畜或役畜，或者林木类消耗性生物资产转为林木类生产性生物资产。具体会计处理前面已经讲述。

延伸阅读

与《企业会计准则》的区别

1. 关于生物资产的分类

《企业会计准则》规定生物资产分为消耗性生物资产、生产性生物资产和公益性生物资产；《小企业会计准则》规定生物资产分为消耗性生物资产、生产性生物资产。

2. 关于生物资产的减值准备

《企业会计准则第5号——生物资产》第二十一条规定，企业至少应当于每年年度终了对消耗性生物资产和生产性生物资产进行检查，有确凿证据表明由于遭受自然灾害、病虫害、动物疫病侵袭或市场需求变化等原因，使消耗性生物资产的可变现净值或生产性生物资产的可收回金额低于其账面价值的，应当按照可变现净值或可收回金额低于账面价值的差额，计提生物资产跌价准备或减值准备，并计入当期损益。上述可变现净值和可收回金额，应当分别按照《企业会计准则第1号——存货》和《企业会计准则第8号——资产减值》确定。生产性生物资产减值准备一经计提，不得转回。《小企业会计准则》中未规定其减值准备的计提。

3. 关于生物资产的计量方法

《企业会计准则第5号——生物资产》第二十二条规定，有确凿证据表明生物资产的公允价值能够持续可靠取得的，应当对生物资产采用公允价值计量。采用公允价值计量的，应当同时满足下列条件：

（1）生物资产有活跃的交易市场；

（2）能够从交易市场上取得同类或类似生物资产的市场价格及其他相关信息，从而对生物资产的公允价值做出合理估计。

在公允价值模式下，企业不再对生物资产计提折旧和计提跌价准备或减值准备，应当以资产负债表日生物资产的公允价值减去估计销售时所发生费用后的净额计量，各期变动计入当期损益。一般情况下，企业对生物资产的计量模式一经确定，不得随意变更。

《小企业会计准则》规定一律采用成本计量法进行后续计量。

4. 关于天然起源生物资产的核算

《企业会计准则第 5 号——生物资产》第二十二条规定，天然起源的生物资产的成本，应当按照名义金额确定（名义金额即 1 元）。《小企业会计准则》未对此做出规定。

5. 关于生产性生物资产的折旧方法

《企业会计准则第 5 号——生物资产》第十八条规定，生产性生物资产可选用的折旧方法包括年限平均法、工作量法、产量法等。《小企业会计准则》规定生产性生物资产按照年限平均法计提折旧。

4.5 无形资产

无形资产，是指小企业为生产产品、提供劳务、出租或经营管理而持有的、没有实物形态的可辨认非货币性资产。相对于其他资产，无形资产具有三个特征：一是无形资产不具有实物形态；二是无形资产具有可辨认性；三是无形资产属于非货币性资产。

小企业的无形资产通常包括土地使用权、专利权、商标权、著作权、非专利技术等。

4.5.1 无形资产的初始计量

无形资产应当按照成本计量，即以取得无形资产并使之达到预定用途而发生的全部支出作为无形资产的成本。对于不同来源取得的无形资产，其成本构成不尽相同。

1. 外购的无形资产

外购的无形资产，其成本包括购买价款、相关税费以及相关的其他支出（含相关的借款费用）。相关的其他支出包括使无形资产达到预定用途所发生的专业服务费用、测试无形资产是否能够正常发挥作用的费用等，但不包括为引入新产品进行宣传发生的广告费、管理费用及其他间接费用，也不包括在无形资产已经达到预定用途以后发生的费用。

小企业外购无形资产，应当按照实际支付的价款，做如下会计处理。

借：无形资产

  贷：银行存款

   应付利息等

【例4－21】某小企业2013年1月1日从B公司购买一项商标权，由合同规定，该项商标权总计600 000元，一次付清。该企业的账务处理如下：

借：无形资产——商标权   600 000

  贷：银行存款   600 000

2. 投资者投入的无形资产

投资者投入的无形资产的成本，应当按照评估价值和相关税费确定。会计分录为：

借：无形定资产

  贷：实收资本

   资本公积

3. 自行开发的无形资产

（1）研究开发的基本概念。对于企业自行的研究开发项目，一般应区分研究阶段与开发阶段两个部分，并分别进行核算。其中，研究是指为获取新的技术和知识等进行的有计划的调查，研究活动的例子包括：意于获取知识而进行的活动；研究成果或其他知识的应用研究、评价和最终选择；材料、设备、产品、工序、系统或服务替代品的研究；新的或经改进的材料、设备、产品、工序、系统或服务的可能替代品的配制、设计、评价和最终选择。

开发是指在进行商业性生产或使用前，将研究成果或其他知识应用于某项计划或设计，以生产出新的或具有实质性改进的材料、装置、产品等。开发活动的例子包括：生产前或使用前的原型和模型的设计、建造和测试；含新技术的工具、夹具、模具和冲模的设计；不具有商业性生产经济规模的试生产设施的设计、建造和运营；新的或改造的材料、设备、产品、工序、系统或服务所选定的替代品的设计、建造和测试等。

（2）开发阶段有关支出的处理。小企业开发阶段发生的支出，应按照研究开发项目，分别按照"费用化支出"或"资本化支出"进行明细核算。在研究开发项目达到预定用途形成无形资产的，资本化支出再转为无形资产。判断可以将有关支出资本化确认为无形资产，必须同时满足下列条件。

①完成该无形资产以使其能够使用或出售在技术上具有可行性。

判断无形资产的开发在技术上是否具有可行性，应当以目前阶段的成果为基础，并提供相关证据和材料，证明企业进行开发所需的技术条件等已经具备，不存在技术上的障碍或其他不确定性。比如，企业已经完成了全部计划、设计和测试活动，这些活动是使资产能够达到设计规划书中的功能、特征和技术所必需的活动或经过专家鉴定等。

②具有完成该无形资产并使用或出售的意图。

开发某项产品或专利技术产品等，通常是根据管理当局决定该项研发活动的目的或者意图加以确定。也就是说，研发项目形成成果以后，是为出售还是为自己使用并从使用中获得经济利益，应当以管理者的决定为依据。因此，企业的管理者应当明确表明其持有拟开发无形资产的目的，并具有完成该项无形资产开发并使其能够使用或出售的可能性。

③能够证明运用该无形资产生产的产品存在市场或无形资产自身存在市场。无形资产将在内部使用的，应当证明其有用性。

开发支出资本化作为无形资产确认，其基本条件是能够为企业带来未来经济利益。如果有关的无形资产在形成以后，主要是用于形成新产品或新工艺的，企业应对运用该无形资产生产的产品市场情况进行估计，应能够证明所生产的产品存在市场，能够带来经济利益的流入；如果有关的无形资产开发以后主要是用于对外出售的，则企业应能够证明市场上存在对该类无形资产的需求，开发以后存在外在的市场可以出售并带来经济利益的流入；如果无形资产开发以后不是用于生产产品，也不是用于对外出售，而是在企业内部使用的，则企业应能够证明在企业内部使用时对企业的有用性。

④有足够的技术、财务资源和其他资源支持，以完成该无形资产的开发，并有能力使用或出售该无形资产。

这一条件主要包括四点：第一，为完成该项无形资产开发具有技术上的可靠性。开发的无形资产并使其形成成果在技术上的可靠性是继续开发活动的关键。因此，必须有确凿证据证明企业继续开发该项无形资产有足够的技术支持和技术能力。第二，财务资源和其他资源支持。财务和其他资源支持是能够完成该项无形资产开发的经济基础，因此，企业必须能够说明为完成该项无形资产的开发所需的财务和其他资源，是否能够足以支持完成该项无形资产的开发。第三，能够证明企业获取在开发过程中所需的技术、财务和其他资源，以及企业获得这些资源的相关计划等。如在企业自有资金不足以提供支持的情况下，是否存在外部其他方面的资金支持，如银行等借款机构愿意为该无形资产的开发提供所需资金的声明等来证实。第四，有能力使用或出售该无形资产以取得收益。

④归属于该无形资产开发阶段的支出能够可靠计量。

企业对于研究开发活动发生的支出应单独核算，如发生的研究开发人员的工资、材料费等，在企业同时从事多项研究开发活动的情况下，所发生的支出同时用于支持多项研究开发活动的，应按照一定的标准在各项研究开发活动之间进行分配，无法明确分配的，应予费用化计入当期损益，而不是计入开发活动的成本。

（3）开发阶段有关支出的会计核算。

①小企业自行研究开发无形资产发生的研发支出的会计处理

借：研发支出——费用化支出（不满足资本化条件）

研发支出——资本化支出（满足资本化条件）

　　贷：原材料、银行存款、应付职工薪酬、应付利息等

②研究开发项目达到预定用途形成无形资产的会计处理

借：无形资产

　　贷：研发支出——资本化支出

③月末，应将归集的费用化支出金额转入"管理费用"科目

借：管理费用

　　贷：研发支出——费用化支出

【例4－22】某企业自行研究开发一项新产品专利技术，在研究开发过程中发生材料费40 000 000元、人工工资10 000 000元，以及用银行存款支付其他费用30 000 000元，总计80 000 000元，其中，符合资本化条件的支出为50 000 000元，期末，该专利技术已经达到预定用途。假定不考虑相关税费。

相关费用发生时：

借：研发支出——费用化支出	30 000 000
——资本化支出	50 000 000
贷：原材料	40 000 000
应付职工薪酬	10 000 000

银行存款	30 000 000

期末：

借：管理费用   30 000 000

    无形资产   50 000 000

  贷：研发支出——费用化支出   30 000 000

          ——资本化支出   50 000 000

4. 土地使用权的处理

企业取得的土地使用权通常应确认为无形资产。土地使用权用于自行开发建造厂房等地上建筑物时，土地使用权的账面价值不与地上建筑物合并计算成本，而仍作为无形资产进行核算，土地使用权与地上建筑物分别进行摊销和提取折旧。

企业外购的房屋建筑物，实际支付的价款中包括土地以及建筑物的价值，则应当对支付的价款按照合理的方法在土地和地上建筑物之间进行分配；如果确实无法在地上建筑物与土地使用权之间进行合理分配的，应当全部作为固定资产核算。

4.5.2 无形资产的后续计量

小企业无形资产的后续计量主要为无形资产的摊销。无形资产分为使用寿命可以可靠估计和不能可靠估计两种情况。

1. 估计无形资产使用寿命需要考虑的因素

无形资产的使用寿命包括法定寿命和经济寿命两个方面，有些无形资产的使用寿命受法律、规章或合同的限制，称为法定寿命。如我国法律规定发明专利权有效期为 20 年，商标权的有效期为 10 年。有些无形资产如永久性特许经营权、非专利技术等的寿命则不受法律或合同的限制。经济寿命是指无形资产可以为企业带来经济利益的年限。由于受技术进步、市场竞争等因素的影响，无形资产的经济寿命往往短于法定寿命，因此，在估计无形资产的使用寿命时，应当综合考虑各方面相关因素的影响，合理确定无形资产的使用寿命。

确定无形资产的经济使用寿命，通常应考虑以下因素：该资产通常的产品寿命周期，以及可获得的类似资产使用寿命的信息；技术、工艺等方面的现实情况及对未来发展的估计；以该资产生产的产品或服务的市场需求情况；现在或潜在的竞争者预期采取的行动；为维持该资产产生未来经济利益的能力预期的维护支出及企业预计支付有关支出的能力；对该资产的控制期限，对该资产使用的法律或类似限制，如特许使用期间、租赁期间等；与企业持有的其他资产使用寿命的关联性等。

无形资产使用寿命的确定坚持以下原则：

（1）源自合同性权利或其他法定权利取得的无形资产，其使用寿命不应超过合同性权利或其他法定权利的期限。

（2）没有明确的合同或法律规定的无形资产，企业应当综合各方面情况，如聘请相关专家进行论证或与同行业的情况进行比较及企业的历史经验等，来确定无形资产为企业带来未来经济利益的期限。如果经过这些努力确实无法合理确定无形资产为企业带来经济利益期限，再将其作为使用寿命不确定的无形资产。

（3）寿命可以可靠估计的无形资产摊销期自其可供使用时开始至停止使用或出售时止。有关法律规定或合同约定了使用年限的，可以按照规定或约定的使用年限作为摊销期。

企业不能可靠估计无形资产使用寿命的，摊销期不短于 10 年。

2. 无形资产摊销的会计处理

无形资产应当在其使用寿命内采用年限平均法进行摊销，根据其收益对象计入相关资产的成本或当期损益。

【例 4 - 23】如【例 4 - 21】，该商标权的使用寿命为 10 年，不考虑残值的因素，以年限平均法摊销预期实现经济利益的方式。账务处理如下：

借：制造费用或管理费用   60 000

 贷：累计摊销   60 000

4.5.3　无形资产的处置

处置无形资产，处置收入扣除其账面价值、相关税费等后的净额，应当计入营业外收入或营业外支出。无形资产的账面价值，是指无形资产的成本扣减累计摊销后的金额。

【例 4 - 24】仍如上例，假定该企业 2014 年 12 月 31 日将该商标权出售，取得收入 500 000 元，应交营业税为 25 000 元。该商标权的账面余额为 420 000 元。账务处理如下：

借：银行存款   500 000

累计摊销	180 000
贷：无形资产	600 000
应交税费——应交营业税	25 000
营业外收入——处置非流动资产利得	55 000

延伸阅读

与《企业会计准则》的区别

1. 关于无形资产的内容

《企业会计准则第6号——无形资产》规定，无形资产包括土地使用权、特许权、专利权、商标权、著作权、非专利技术；《小企业会计准则》中无形资产没有包括特许权。

2. 关于无形资产的减值准备

《企业会计准则第6号——无形资产》第二十条规定，无形资产的减值，应当依照《企业会计准则第8号——资产减值》处理；《小企业会计准则》中未规定其减值准备的计提。

3. 关于无形资产摊销的处理

与《企业会计准则第6号——无形资产》相比，关于企业无形资产的摊销，《小企业会计准则》的规定具有如下不同。

（1）摊销方法。《企业会计准则》规定，企业选择的无形资产摊销方法，应当反映与该项无形资产相关的经济利益的预期实现方式，无法可靠确定预期实现方式的，应当采用直线法摊销；《小企业会计准则》规定采用年限平均法进行摊销。

（2）使用寿命不能可靠估计的无形资产摊销。《企业会计准则》规定，使用寿命不能可靠估计的无形资产不应摊销；《小企业会计准则》规定，企业不能可靠估计无形资产使用寿命的依然进行摊销，摊销期不短于10年。

4. 关于无形资产出租的会计处理

《企业会计准则》对无形资产出租的会计处理做了规定；《小企业会计准则》未对此做规定。

4.6 长期待摊费用

长期待摊费用是指小企业已经发生但应由本期和以后各期负担的分摊期限在一年以上的各项费用,主要包括:已提足折旧的固定资产的改建支出、经营租入固定资产的改建支出、固定资产大修理支出和其他长期待摊费用等。

4.6.1 长期待摊费用的摊销方法及摊销期限

1. 摊销方法

长期待摊费用应当在其摊销期限内采用年限平均法进行摊销。

2. 摊销期限

(1) 已提足折旧的固定资产的改建支出,按照固定资产预计尚可使用年限分期摊销;

(2) 经营租入固定资产的改建支出,按照合同约定的剩余租赁期限分期摊销;

(3) 固定资产的大修理支出,按照固定资产尚可使用年限分期摊销;

(4) 其他长期待摊费用,自支出发生月份的次月起分期摊销,摊销年限不得超过3年。

4.6.2 长期待摊费用摊销的会计处理

1. 小企业发生的长期待摊费用

借:长期待摊费用

　　贷:银行存款等

2. 小企业按月摊销长期待摊费用

借:制造费用或管理费用

　　贷:长期待摊费用

第5章
负债的核算

5.1 负债的概念

1. 负债的概念

负债是指小企业过去的交易或者事项形成的，预期会导致经济利益流出企业的现时义务。负债具有以下三个特征：

其一，负债是企业承担的现时义务；

其二，负债预期会导致经济利益流出企业；

其三，负债是由企业过去的交易或者事项所形成的。

现时义务是指企业在现行条件下已承担的义务。未来发生的交易或者事项形成的义务，不属于现时义务，不应当确认为负债。这里的义务，可以是法定义务，也可以是推定义务。法定义务是指具有约束力的合同或者法律、法规规定的义务，企业必须依法执行。推定义务是指根据企业多年来的习惯做法、公开的承诺或者公开宣布的政策而导致企业将承担的责任，这些责任也使有关各方形成了企业将履行义务解脱责任的合理预期。

2. 负债的确认

负债的确认，除了要符合负债的定义之外，还应当同时满足以下两个条件：

第一，与该义务有关的经济利益很可能流出企业；

第二，未来流出的经济利益的金额能够可靠的计量。

3. 负债的分类

负债按照其偿还速度或偿还时间的长短，可分为流动负债和非流动负债。流动负债是指预计在一年或者超过一年的一个正常营业周期内清偿的债务。小企业的流动负债主要包括：短期借款、应付账款、预收账款、应付职工薪酬、应交税费、应付利息、应付利润、其他应付款等。流动负债以外的负债应当归类为非流动负债。小企业的非流动负债包括：长期借款、递延收益等。

5.2　短期借款

1. 短期借款的核算内容

短期借款是指小企业向银行或其他金融机构等借入的期限在一年以下（含一年）的各种借款。需要说明的是，"短期借款"科目核算的是短期借款本金的增减变动情况，不包括借款利息的核算。

2. 短期借款的会计核算

（1）借款本金的会计核算。小企业取得短期借款时，应当按照实际收到的借款本金，借记"银行存款"科目，贷记"短期借款"科目。

偿还短期借款时，借记"短期借款"科目，贷记"银行存款"科目。

（2）借款利息的会计核算。月末，小企业应当按照借款本金和合同利率计算确定的利息费用计提应付未付利息，借记"财务费用"科目，贷记"应付利息"科目。

支付利息时，借记"应付利息"科目，贷记"银行存款"等科目。

【例5-1】甲公司于2013年1月1日向银行借入200 000元，期限9个月，年利率6%。该借款到期后按期如数归还，利息分月计提，按季支付。

甲公司的账务处理如下。

①2013年1月1日，取得借款本金时

借：银行存款　　　　　　　　　　　　　　　　　　200 000

　　贷：短期借款　　　　　　　　　　　　　　　　　200 000

②2013年1月31日，计提1月份的借款利息时

借：财务费用　　　　　　　　　　　1 000（200 000×6%/12）

　　贷：应付利息　　　　　　　　　　　　　　　　　　1 000

2013年2月、3月计提利息的分录同上。

③2013年3月31日，支付1季度的借款利息时

借：应付利息   3 000（1 000×3）

    贷：银行存款   3 000

2013 年 2 季度、3 季度支付利息的分录同上。

④2013 年 9 月 30 日，归还借款本金时

借：短期借款   200 000

    贷：银行存款   200 000

（3）银行承兑汇票到期，小企业无力支付票款的，按照银行承兑汇票的票面金额，借记"应付票据"科目，贷记"短期借款"科目。

（4）持未到期的商业汇票向银行贴现，应当按照实际收到的金额（即减去贴现息后的净额），借记"银行存款"科目；按照贴现息，借记"财务费用"科目；按照商业汇票的票面金额，贷记"应收票据"科目（银行无追索权情况下）或"短期借款"科目（银行有追索权情况下）。

5.3　应付票据

小企业因购买材料、商品和接受劳务等日常生产经营活动，可以开出、承兑商业汇票（银行承兑汇票和商业承兑汇票）进行结算。

1. 开出、承兑商业汇票或以承兑商业汇票抵付货款、应付账款等

借：材料采购、在途物资、库存商品等

    应交税费——应交增值税（进项税额）

    贷：应付票据

2. 支付银行承兑汇票的手续费

借：财务费用

    贷：银行存款

3. 商业汇票到期支付票款

借：应付票据

    贷：银行存款

4. 银行承兑汇票到期，无力支付票款的，按照银行承兑汇票的票面金额

借：应付票据

    贷：短期借款

小企业应当设置"应付票据备查簿"，详细登记商业汇票的种类、号数和出票日期、到期日、票面金额、交易合同号和收款人姓名或单位名称以及付款日期和金额等资料，商业汇票到期结清票款后，在备查簿中应予注销。

5.4 应付账款

应付账款是指小企业因购买材料、商品和接受劳务等经营活动应支付的款项。小企业购入材料、商品等，货款尚未支付，应当根据有关凭证（发票账单、随货同行发票上记载的实际价款），借记"在途物资"、"原材料"、"库存商品"科目；按照专用发票上注明的增值税额，借记"应交税费——应交增值税（进项税额）"科目；按照应付的价款，贷记"应付账款"科目。

【例5－2】甲公司为增值税一般纳税人。它从乙公司购入材料一批，货款50 000元，增值税8 500元，对方代垫运杂费500元。材料已运到并验收入库，款项尚未支付。

甲公司的账务处理如下。

借：原材料	50 500
应交税费——应交增值税（进项税额）	8 500
贷：应付账款	59 000

接受供应单位提供劳务而发生的应付未付款项，应当根据供应单位的发票账单，借记"生产成本"、"管理费用"等科目，贷记"应付账款"科目。

小企业偿付应付账款，借记"应付账款"科目，贷记"银行存款"等科目。

【例5－3】甲公司月末将外购动力费68 000计入成本费用。其中，甲产品耗用60 000元，生产车间一般耗用5 000元，行政管理部门耗用3 000元，款项尚未支付。

甲公司的账务处理如下。

借：生产成本	60 000
制造费用	5 000
管理费用	3 000
贷：应付账款	68 000

需要注意的是，应付账款一般按应付金额入账，而不按到期应付金额的现值

入账。如果购入的资产在形成一笔应付账款时带有现金折扣的，应付账款入账金额的确定按发票上记载的应付金额的总值（即不扣除折扣）记账。在这种方法下，应按发票上记载的全部应付金额，借记有关科目，贷记"应付账款"科目；获得的现金折扣冲减财务费用。

【例5-4】甲公司从乙公司购入一批材料，材料价款20 000元，增值税进项税额3 400元。材料已经验收入库，款项尚未支付。乙公司开出的现金折扣条件为"2/10，1/20，N/30"。假设折扣不考虑增值税。

甲公司的账务处理如下。

①收到材料时

借：原材料	20 000
应交税费——应交增值税（进项税额）	3 400
贷：应付账款	23 400

②如果甲公司10日内付款

借：应付账款	23 400
贷：银行存款	23 000
财务费用	400（20 000×2%）

③如果甲公司20日内付款

借：应付账款	23 400
贷：银行存款	23 200
财务费用	200（20 000×1%）

④如果甲公司在20日之后付款

借：应付账款	23 400
贷：银行存款	23 400

5.5 预收账款

1. 预收账款的核算内容

预收账款是指小企业按照合同规定预收的款项，包括预收的购货款等。

需要说明的是，预收账款的核算应视企业的具体情况而定。预收账款比较多的，可以设置"预收账款"科目；预收账款不多的，也可以不设置"预收账款"

科目，直接计入"应收账款"科目的贷方。

2. 预收账款的会计核算

（1）预收账款发生时的会计核算。企业因销售商品或提供劳务等按照合同规定发生预收款项时，应当按照实际收到的金额，借记"银行存款"等科目，贷记"预收账款"科目。

（2）销售商品或提供劳务时的会计核算。销售实现时，借记"预收账款"科目，贷记"主营业务收入"、"应交税费——应交增值税（销项税额）"等科目。

（3）收到剩余价款或退回多余价款的会计核算。企业销售商品或提供劳务后，如果预收账款部分不足以支付全部货款和税费，则应按照实际收到的补付金额，借记"银行存款"科目，贷记"预收账款"科目。

企业销售商品或提供劳务后，如果预收账款部分超过应支付的全部货款和税费，应退回多余价款，借记"预收账款"科目，贷记"银行存款"科目。

5.6 应付职工薪酬

5.6.1 应付职工薪酬的核算内容

应付职工薪酬，是指小企业为获得职工提供的服务而应付给职工的各种形式的报酬以及其他相关支出，通常包括以下内容。

（1）职工工资、奖金、津贴和补贴；

（2）职工福利费；

（3）医疗保险费、养老保险费、失业保险费、工伤保险费和生育保险费等社会保险费；

（4）住房公积金；

（5）工会经费和职工教育经费；

（6）非货币性福利；

（7）因解除与职工的劳动关系给予的补偿；

（8）其他与获得职工提供的服务相关的支出等。

而"应付职工薪酬"科目，即核算根据有关规定支付给职工的各种薪酬。

5.6.2 应付职工薪酬的会计核算

1. 货币性应付职工薪酬的核算

（1）月度终了，将本月应付的职工薪酬确认为负债，并根据职工提供服务的受益对象进行分配，区分以下情况处理。

①小企业生产部门（提供劳务）人员的职工薪酬，借记"生产成本"、"制造费用"等科目，贷记"应付职工薪酬"科目；

②应由在建工程、无形资产开发项目负担的职工薪酬，借记"在建工程"、"研发支出"科目，贷记"应付职工薪酬"科目；

③管理部门人员的职工薪酬和因解除与职工的劳动关系给予的补偿，借记"管理费用"科目，贷记"应付职工薪酬"科目；

④销售人员的职工薪酬，借记"销售费用"科目，贷记"应付职工薪酬"科目。

【例5-5】2013年6月，A公司当月应发工资188 000元，其中：生产部门直接生产人员工资100 000元；生产部门管理人员工资20 000元；公司管理部门人员工资36 000元；公司专设产品销售机构人员工资10 000元；建造厂房人员工资22 000元。

根据所在地政府规定，公司分别按照职工工资总额的10%、12%、2%和10.5%计提医疗保险费、养老保险费、失业保险费和住房公积金，缴纳给当地社会保险经办机构和住房公积金管理机构。公司分别按照职工工资总额的2%和1.5%计提工会经费和职工教育经费。

A公司月末分配应付职工薪酬的账务处理如下。

借：生产成本   138 000

   100 000 + 100 000 × （10% + 12% + 2% + 10.5% + 2% + 1.5%）

  制造费用   27 600

   20 000 + 20 000 × （10% + 12% + 2% + 10.5% + 2% + 1.5%）

  管理费用   49 680

   36 000 + 36 000 × （10% + 12% + 2% + 10.5% + 2% + 1.5%）

  销售费用   13 800

   10 000 + 10 000 × （10% + 12% + 2% + 10.5% + 2% + 1.5%）

在建工程　　　　　　　　　　　　　　　　　　　　　30 360

　　　　　22 000 + 22 000 × （10% + 12% + 2% + 10.5% + 2% + 1.5%）

　　贷：应付职工薪酬——职工工资、奖金、津贴和补贴　　　188 000

　　　　　　　——社会保险费　　　　　　　　　　　　　45 120

　　　　　　　　　　　　　188 000 × （10% + 12% + 2%）

　　　　　　　——住房公积金　　　　　　　　　　　　　19 740

　　　　　　　　　　　　　　　（188 000 × 10.5%）

　　　　　　　——工会经费和职工教育经费　　　　　　　6 580

　　　　　　　　　　　　　188 000 × （2% + 1.5%）

（2）实际支付时，借记"应付职工薪酬"科目，贷记"库存现金"、"银行存款"等科目。

其中，对于职工工资、奖金、津贴和补贴中应予扣还的各种款项（如代垫的家属药费、个人所得税等），借记"应付职工薪酬"科目，贷记"其他应收款"、"应交税费——应交个人所得税"等科目。

【例5-6】承【例5-5】，在应付的职工工资中，包括企业为职工代垫的职工家属医药费2 000元和代扣的个人所得税10 000元。

A公司支付职工工资的账务处理如下。

借：应付职工薪酬——职工工资、奖金、津贴和补贴　　　188 000

　　贷：银行存款　　　　　　　　　　　　　　　　　　176 000

　　　　　　　　　　　　　（188 000 - 2 000 - 10 000）

　　　　其他应收款　　　　　　　　　　　　　　　　　　2 000

　　　　应交税费——应交个人所得税　　　　　　　　　　10 000

2. 非货币性应付职工薪酬的核算

企业以其自产产品作为职工薪酬发放给职工，应先通过"应付职工薪酬"科目归集应计入成本费用的非货币性应付职工薪酬金额，以确定完整准确的企业人工成本金额，借记"管理费用"、"生产成本"、"制造费用"、"销售费用"等科目，贷记"应付职工薪酬"科目。

实际发放时，相关收入及其成本的确认计量和相关税费的处理与正常商品销售相同，借记"应付职工薪酬"科目，贷记"主营业务收入"科目；同时，结转产成品的成本；涉及增值税销项税额的，还应进行相应的处理。

【例5-7】A公司共有职工20名，2013年2月，公司以其生产的成本为1 000元的产品作为职工薪酬发放给公司职工。该产品的售价为每台1 400元，该公司适用的增值税税率为17%。假定20名职工中15名为直接参加生产的职工，5名为总部管理人员。

A公司的账务处理如下。

①月末分配应付职工薪酬时

借：生产成本   24 570

           1 400×（1+17%）×15

  管理费用   8 190

           1 400×（1+17%）×5

  贷：应付职工薪酬——非货币性福利   32 760

           （24 570+8 190）

②实际发放时

借：应付职工薪酬——非货币性福利   32 760

  贷：主营业务收入   28 000

    应交税费——应交增值税（销项税额） 4 760

借：主营业务成本   20 000

  贷：库存商品   20 000

3. 辞退福利（解除劳动关系补偿）的核算

企业因解除与职工的劳动关系而给予职工的补偿，借记"管理费用"科目，贷记"应付职工薪酬"科目。

实际支付时，借记"应付职工薪酬"科目，贷记"库存现金"、"银行存款"等科目。

5.7 应交税费

5.7.1 应交税费的核算内容

小企业在一定时期内取得的收入、实现的利润或发生的特定经营行为，应当按照税法等的规定向国家交纳各种税费。这些税费，按照权责发生制原则予以确认，在尚未交纳之前，构成小企业的一项负债。

"应交税费"科目核算小企业按照税法等的规定应当向国家交纳的各种税费，包括：增值税、消费税、营业税、城市维护建设税、企业所得税、资源税、土地增值税、城镇土地使用税、房产税、车船税和教育费附加、矿产资源补偿费、排污费等。小企业代扣代缴的个人所得税等，也通过"应交税费"科目核算。

5.7.2 应交增值税的会计核算

1. 增值税概述

我国目前执行的是《中华人民共和国增值税暂行条例》，其主要内容如下。

（1）增值税的纳税人。

在中华人民共和国境内销售货物或者提供加工、修理修配劳务以及进口货物的单位和个人。

（2）税率。

①基本税率：17%；

②纳税人销售或者进口下列货物，税率为13%：

• 粮食、食用植物油；

• 自来水、暖气、冷气、热水、煤气、石油液化气、天然气、沼气、居民用煤炭制品；

• 图书、报纸、杂志；

• 饲料、化肥、农药、农机、农膜；

• 国务院规定的其他货物。

③纳税人出口货物，税率为零。但是，国务院另有规定的除外。

（3）一般纳税人与小规模纳税人。

按照经营规模和会计核算健全程度的不同，我国将增值税纳税人分为一般纳税人与小规模纳税人。一般纳税人的标准为：

①从事货物生产或者提供应税劳务的纳税人，以及以从事货物生产或者提供应税劳务为主，并兼营货物批发或者零售的纳税人，年应征增值税销售额在50万元以上的。

②除上述规定以外的纳税人，年应税销售额在80万元以上的。

③企业财务健全，能准确核算增值税进项税额、销项税额和应纳税额。

不能同时满足以上标准的纳税人，即为小规模纳税人。

2. 一般纳税人应交增值税的会计核算

从税务角度来看，一般纳税人的特点主要包括：

第一，购入货物或接受应税劳务所取得的增值税专用发票上注明的金额，可以作为应交增值税的进项税额，从当期发生的销项税额中予以扣除。

第二，销售货物或提供应税劳务可以开具增值税专用发票。

第三，如果企业销售货物或提供应税劳务采用的是销售额和销项税额合并定价的方法，可以按照以下公式还原为不含税销售额，并按照不含税销售额计算销项税额：

销售额 = 含税销售额 ÷ （1 + 增值税税率）

销项税额 = 销售额 × 增值税税率

一般纳税人应当在"应交税费——应交增值税"科目下分别设置"进项税额"、"销项税额"、"出口退税"、"进项税额转出"、"已交税金"、"转出未交增值税"、"转出多交增值税"等专栏，进行增值税的明细核算。

（1）进项税额的会计核算。

下列进项税额准予从销项税额中抵扣：

①从销售方取得的增值税专用发票上注明的增值税额。

②从海关取得的海关进口增值税专用缴款书上注明的增值税额。

③购进农产品，除取得增值税专用发票或者海关进口增值税专用缴款书外，按照农产品收购发票或者销售发票上注明的农产品买价和13%的扣除率计算的进项税额。进项税额计算公式为：

进项税额 = 买价 × 扣除率

④购进或者销售货物以及在生产经营过程中支付运输费用的，按照运输费用结算单据上注明的运输费用金额和7%的扣除率计算的进项税额。进项税额计算公式为：

进项税额 = 运输费用金额 × 扣除率

一般纳税人在购入货物或接受应税劳务时，如果能够从销货方或提供劳务方取得增值税专用发票或从海关取得完税凭证，可以按照增值税专用发票或完税凭证上注明的金额，确定进项税额，借记"应交税费——应交增值税（进项税额）"科目，用以抵扣销项税额，按照应当计入购入货物或接受劳务的成本，借记"在途物资"、"原材料"、"库存商品"、"管理费用"等科目，按照确定的应交增值税的进项税额，按照应当支付或实际支付的金额，贷记"应付账款"、"银行存款"等科目。

企业在购入货物或接受应税劳务时，如果没有按照规定取得并保存增值税扣款凭证或增值税扣款凭证上未按照规定注明增值税税额及其他有关事项，支付的增值税只能计入购入货物或接受劳务的成本，不能作为进项税额用以抵扣销项税额。

需要说明的是，按照修订后的《中华人民共和国增值税暂行条例》，企业购入的用于生产经营目的的固定资产所支付的增值税，在符合税法规定的情况下，也应从销项税额中予以扣除，不再计入固定资产成本，但不包括企业购入的用于集体福利或个人消费等目的的固定资产所支付的增值税。

【例5-8】甲公司从乙公司购买一批材料，收到的增值税专用发票上注明的价款为80 000元，增值税为13 600元。款项已支付，材料已收到并已验收入库。

甲公司的账务处理如下。

借：原材料   80 000

  应交税费——应交增值税（进项税额）   13 600

  贷：银行存款   93 600

【例5-9】甲公司发生汽车修理费用，收到的增值税专用发票上注明的修理费用为4 000元，增值税为680元。款项已支付。

甲公司的账务处理如下。

借：管理费用   4 000

  应交税费——应交增值税（进项税额）   680

  贷：银行存款   4 680

（2）销项税额的会计核算。

一般纳税人在销售商品或提供应税劳务时，应当向购货方或接受劳务方开具增值税专用发票，按照商品或劳务计税价格的17%确认销项税额，贷记"应交税费——应交增值税（销项税额）"科目；按照确认的营业收入，贷记"主营业务收入"、"其他业务收入"等科目；按照应当收取或实际收取的金额，借记"应收账款"、"银行存款"等科目。

需要说明的是，随同商品出售但单独计价的包装物，按规定应交纳的增值税，借记"其他业务支出"科目，贷记"应交税费——应交增值税（销项税额）"科目。

【例5-10】甲公司销售一批商品，开出的增值税专用发票上注明该批商品的价款为80 000元，增值税为13 600元。货款尚未收到。

甲公司的账务处理如下。

借：应收账款　　　　　　　　　　　　　　　　　　　　　93 600
　　贷：主营业务收入　　　　　　　　　　　　　　　　　　80 000
　　　　应交税费——应交增值税（销项税额）　　　　　　13 600

将自产的产品用于非应税项目，如用作福利发放给职工等，应视同销售计算应交增值税，借记"管理费用"、"生产成本"、"制造费用"、"销售费用"等科目，贷记应交税费（应交增值税——销项税额），详见【例5-7】的会计处理。

（3）出口退税的核算。

①实行"免、抵、退"管理办法的小企业

按照税法规定计算的当期出口产品不予免征、抵扣和退税的增值税额

借：主营业务成本
　　贷：应交税费（应交增值税——进项税额转出）

按照税法规定计算的当期应予抵扣的增值税额

借：应交税费（应交增值税——出口抵减内销产品应纳税额）
　　贷：应交税费（应交增值税——出口退税）

出口产品按照税法规定应予退回的增值税款

借：其他应收款
　　贷：应交税费（应交增值税——出口退税）。

②未实行"免、抵、退"管理办法的小企业

出口产品实现销售收入时

借：应收账款
　　其他应收款（按照税法规定应收的出口退税）
　　主营业务成本（按照税法规定不予退回的增值税额）
　　贷：主营业务收入
　　　　应交税费（应交增值税——销项税额）

出口产品按规定退税的

借：其他应收款

贷：应交税费——应交增值税（出口退税）

（4）进项税额转出的会计核算。

企业购进用于集体福利或个人消费的货物、用于非应税项目的购进货物或应税劳务等按规定不予抵扣增值税进项税额，具体分别以下两种情况处理。

第一，属于购入货物时即能认定其进项税额不能抵扣的，如购进用于集体福利或个人消费的货物、购入的货物直接用于免税项目、直接用于非应税项目，或直接用于集体福利和个人消费的，进行会计处理时，其增值税专用发票上注明的增值税税额，计入购入货物及接受劳务的成本。

第二，属于购入货物时不能直接认定进项税额能否抵扣的，增值税专用发票上注明的增值税额，按照增值税会计处理方法记入"应交税费——应交增值税（进项税额）"科目；如果这部分购入货物以后用于按规定不得抵扣进项税额项目的，应将原已计入进项税额并已支付的增值税转入有关的承担者予以承担，通过"应交税费——应交增值税（进项税额转出）"科目转入有关的"在建工程"、"应付职工薪酬——职工福利"、"待处理财产损益"等科目。

【例5－11】甲公司本月购进的一批原材料因台风损失了30 000元，其进项税额为5 100元。查明原因并经过批准，应由保险公司赔偿损失20 000元，其余部分为净损失。

甲公司的账务处理如下。

①发生原材料损失时

借：待处理财产损溢   35 100

    贷：原材料   30 000

        应交税费——应交增值税（进项税额转出）   5 100

②查明原因并经批准处理后

借：其他应收款   20 000

    营业外支出   15 100

    贷：待处理财产损溢   35 100

【例5－12】甲公司自建工程领用外购材料一批，实际成本20 000元。该批材料取得时确认的增值税进项税额为3 400元。

甲公司的账务处理如下。

借：在建工程   23 400

　　　　贷：原材料　　　　　　　　　　　　　　　　　　　　　　20 000

　　　　　　应交税费——应交增值税（进项税额转出）　　　3 400

　　（5）缴纳增值税和期末结转的会计核算。

　　本月上交本月的应交增值税，借记"应交税费——应交增值税（已交税金）"科目，贷记"银行存款"科目。本月上交上期应交未交的增值税，借记"应交税费——应交增值税（未交增值税）"科目，贷记"银行存款"科目。

　　月度终了，将本月应交未交增值税自应交增值税转入未交增值税，借记"应交税费——应交增值税（转出未交增值税）"科目，贷记"应交税费——应交增值税（未交增值税）"；将本月多交的增值税自应交增值税转入未交增值税，借记"应交税费——应交增值税（未交增值税）"科目，贷记"应交税费——应交增值税（转出多交增值税）"科目。结转后，"应交税费——应交增值税"科目的期末借方余额，反映企业尚未抵扣的增值税。

3. 小规模纳税人应交增值税的会计核算

　　小规模纳税人的特点主要包括：

　　第一，小规模纳税人销售货物或提供劳务，通常只能开具普通发票，不能开具增值税专用发票。

　　第二，小规模纳税人销售货物或提供劳务，采用简易方法计算应纳税额，按照销售额的一定比例计算。

　　第三，小规模纳税人的销售价格通常包含增值税，应先根据以下公式将其还原为不含税的销售价格，再据以计算本月应交增值税。

　　销售额 = 含税销售额 ÷ （1 + 征收率）

　　应交增值税 = 销售额 × 征收率

　　小规模纳税人的征收率通常为3%。

　　这样看来，小规模纳税企业无论是否具有增值税专用发票，其支付的增值税税额均不计入进项税额，不得从销项税额中抵扣，而应计入购入货物或接受劳务的成本。

　　（1）小规模纳税人购买货物或接受劳务的会计核算。

　　小规模纳税人购买货物或接受劳务时，所应支付的全部价款计入存货的入账价值。不论是否取得增值税专用发票，其支付的增值税税额均不确认为增值税进项税额。

【例 5 - 13】甲企业为小规模纳税人，购买一批材料，收到的增值税专用发票上注明的材料价款为 100 000 元，增值税为 17 000 元。款项已支付，材料已收到并已验收入库。

甲企业的账务处理如下。

借：原材料　　　　　　　　　　　　　　　　　　　　117 000
　　贷：银行存款　　　　　　　　　　　　　　　　　　117 000

（2）小规模纳税人销售货物或提供劳务的会计核算。

小规模纳税人在销售商品或提供劳务时，开具普通发票，其销售价格中含增值税，因此，应先按照增值税征收率将其还原为不含税的销售价格，再计算应交增值税的金额，贷记"应交税费——应交增值税"科目。具体计算公式为。

不含税的销售价格 = 含税的销售价格 ÷（1 + 征收率）

应交增值税 = 不含税的销售价格 × 征收率

【例 5 - 14】甲企业为小规模纳税人，销售一批产品，开出的普通发票上注明的商品价款为 30 900 元。款项已收到。该企业增值税的征收率为 3%。

甲企业的账务处理如下：

借：银行存款　　　　　　　　　　　　　　　　　　　　30 900
　　贷：主营业务收入　　　　　　　　　　　　　　　　30 000
　　　　　　　　　　　　　　　　　　　　30 900 ÷（1 + 3%）
　　　　应交税费——应交增值税　　　　　　　　　　　　900
　　　　　　　　　　　　　　　　　　　　（30 000 × 3%）

5.7.3　应交消费税的会计核算

1. 消费税概述

根据《中华人民共和国消费税暂行条例》的规定，消费税是国家为了正确引导消费方向，对在我国境内生产、委托加工和进口应税消费品的单位和个人，按其流转额征收的一种税。

消费税的征收方法采取从价定率和从量定额两种方法。

实行从价定率方法计征的消费税，以销售额为基数，再乘以适用的税率来计算应交消费税的金额。其中，销售额应当为不含增值税的销售额。如果企业应税消费品的销售额中未扣除增值税税款，或因不能开具增值税专用发票而发生价款和增值税税款合并收取的，在计算消费税时，按照以下公式换算为不含增值税税款的销售额，再进行计算消费税税额。

销售额 = 含增值税的销售额 ÷（1 + 增值税税率或征收率）

消费税 = 销售额 × 消费税税率

实行从量定额方法计征的消费税，以应税消费品的数量为基数，再乘以适用的税率来计算应交消费税的金额。其中，销售数量是指应税消费品的数量，具体是指：

第一，属于销售应税消费品的，为应税消费品的销售数量。

第二，属于自产自用应税消费品的，为应税消费品的移送使用数量。

第三，属于委托加工应税消费品的，为纳税人收回的应税消费品数量。

第四，进口的应税消费品，为海关核定的应税消费品进口征税数量。

消费税税率如表 5-1 所示。

表 5-1   消费税税目税率表

税　目	税　率
一、烟	
1. 卷烟	
（1）甲类卷烟	45% 加 0.003 元/支
（2）乙类卷烟	30% 加 0.003 元/支
2. 雪茄烟	25%
3. 烟丝	30%
二、酒及酒精	
1. 白酒	20% 加 0.5 元/500 克（或者 500 毫升）
2. 黄酒	240 元/吨
3. 啤酒	
（1）甲类啤酒	250 元/吨
（2）乙类啤酒	220 元/吨
4. 其他酒	10%
5. 酒精	5%
三、化妆品	30%
四、贵重首饰及珠宝玉石	
1. 金银首饰、铂金首饰和钻石及钻石饰品	5%
2. 其他贵重首饰和珠宝玉石	10%

税　　目	税　率
五、鞭炮、焰火	15%
六、成品油	
1. 汽油	
（1）含铅汽油	0.28元/升
（2）无铅汽油	0.20元/升
2. 柴油	0.10元/升
3. 航空煤油	0.10元/升
4. 石脑油	0.20元/升
5. 溶剂油	0.20元/升
6. 润滑油	0.20元/升
7. 燃料油	0.10元/升
七、汽车轮胎	3%
八、摩托车	
1. 气缸容量（排气量，下同）在250毫升（含250毫升）以下的	3%
2. 气缸容量在250毫升以上的	10%
九、小汽车	
1. 乘用车	
（1）气缸容量（排气量，下同）在1.0升（含1.0升）以下的	1%
（2）气缸容量在1.0升以上至1.5升（含1.5升）的	3%
（3）气缸容量在1.5升以上至2.0升（含2.0升）的	5%
（4）气缸容量在2.0升以上至2.5升（含2.5升）的	9%
（5）气缸容量在2.5升以上至3.0升（含3.0升）的	12%
（6）气缸容量在3.0升以上至4.0升（含4.0升）的	25%
（7）气缸容量在4.0升以上的	40%
2. 中轻型商用客车	5%
十、高尔夫球及球具	10%
十一、高档手表	20%
十二、游艇	10%
十三、木制一次性筷子	5%
十四、实木地板	5%

2. 销售应税消费品的会计核算

企业将生产的应税消费品对外销售时，借记"营业税金及附加"科目，贷记"应交税费——应交消费税"科目。

需要说明的是，随同商品出售但单独计价的包装物，按照规定应当交纳的消费税，或因出租、出借包装物逾期未收回没收的押金应当交纳的消费税，借记"营业税金及附加"科目，贷记"应交税费——应交消费税"科目。

【例5-15】甲公司为增值税一般纳税人，销售一批应税消费品，产品成本为200 000元，产品售价为300 000元。该企业适用的增值税税率为17%，该产品适用的消费税税率为10%。产品已发出，款项尚未收到。

甲公司的账务处理如下。

①确认收入时

借：应收账款   351 000

  贷：主营业务收入   300 000

    应交税费——应交增值税（销项税额） 51 000

②确认应交消费税时

甲公司该业务应交消费税＝30 000（元）

借：营业税金及附加   30 000

  贷：应交税费——应交消费税   30 000

③结转产品成本时

借：主营业务成本   200 000

  贷：库存商品   200 000

企业用应税消费品用于在建工程、非生产机构等其他方面，按规定应交纳的消费税，应计入有关的成本，借记"在建工程"、"营业外支出"等科目，贷记"应交税费——应交消费税"科目。

【例5-16】甲公司为增值税一般纳税人，将自产的一批应税消费品用于一项工程。该批产品的生产成本为60 000元，售价为80 000元。该企业适用的增值税税率为17%，该产品适用的消费税税率为20%。

甲企业的账务处理如下。

借：在建工程   89 600

  贷：库存商品   60 000

    应交税费——应交增值税（销项税额） 13 600

       ——应交消费税   1 000

2. 委托加工应税消费品的会计核算

企业委托加工应税消费品时，应当由受托方在向委托方交货时代扣代缴消费税（受托加工或翻新改制金银首饰除外），主要包括两种情况：

（1）对于委托加工的应税消费品，如果委托方收回后用于连续生产，所纳税款准予按规定扣除。

（2）对于委托加工的应税消费品，如果委托方收回后直接出售，所纳税款应直接计入委托加工物资的成本。

其中，委托加工的应税消费品是指由委托方提供原料和主要材料，受托方只收取加工费和代垫部分辅助材料加工的应税消费品，对于由受托方提供原材料生产的应税消费品，或受托方将原材料卖给委托方，然后再接受加工的应税消费品，以及由受托方以委托方名义购进原材料生产的应税消费品，都不作为委托加工应税消费品，而应当按照销售自制应税消费品交纳消费税。

具体到账务处理上，受托方按照应当交纳消费税的金额，借记"应收账款"、"银行存款"等科目，贷记"应交税费——应交消费税"；委托加工物资收回后，直接用于销售的，将代收代缴的消费税计入委托加工成本，借记"库存商品"等科目，贷记"应付账款"、"银行存款"等科目；委托加工物资收回后用于连续生产的，按照规定准予抵扣的，根据代收代缴的消费税，借记"应交税费——应交消费税"科目，贷记"应付账款"、"银行存款"等科目。

【例5-17】甲公司委托乙公司加工一批材料，该批材料为应税消费品，实际成本为20 000元。甲公司支付给受托方的加工费为7 000元，应支付的增值税为1 190元，应支付的消费税为3 000元。款项已支付。甲公司收回该批材料后用于连续生产。该批材料加工完成，全部收回并已验收入库。

甲企业的账务处理如下。

①发出材料时

借：委托加工物资　　　　　　　　　　　　　　　　　　　　　20 000

　　贷：原材料　　　　　　　　　　　　　　　　　　　　　　　20 000

②支付价款时

借：委托加工物资　　　　　　　　　　　　　　　　　　　　　7 000

　　应交税费——应交增值税（进项税额）　　　　　　　　　　1 190

　　　　　　——应交消费税　　　　　　　　　　　　　　　　3 000

　　贷：银行存款　　　　　　　　　　　　　　　　　　　　　11 190

③收回委托加工物资并验收入库时

借：原材料   27 000

  贷：委托加工物资   27 000

如果甲公司收回该批材料后直接出售，相关账务处理如下。

①发出材料时

借：委托加工物资   20 000

  贷：原材料   20 000

②支付价款时

借：委托加工物资   10 000

  应交税费——应交增值税（进项税额）   1 190

    贷：银行存款   11 190

③收回委托加工物资并验收入库时

借：库存商品   30 000

  贷：委托加工物资   30 000

3. 加工或翻新改制金银首饰

（1）有金银首饰零售业务的以及采用以旧换新方式销售金银首饰的企业，在实现营业收入时，按照应当交纳的消费税税额，借记"营业税金及附加"科目，贷记"应交税费——应交消费税"科目。

需要说明的是，随同金银首饰出售但单独计价的包装物，按照规定应当交纳的消费税，借记"营业税金及附加"科目，贷记"应交税费——应交消费税"科目。

（2）对于有金银首饰零售业务的小企业，因受托代销金银首饰按规定应当交纳的消费税，借记"营业税金及附加"科目，贷记"应交税费——应交消费税"科目。

（3）有金银首饰批发、零售业务的小企业，将金银首饰用于馈赠、赞助、广告、职工福利、奖励等方面的，应当于物资移送时，按照应交的消费税，借记"营业外支出"、"销售费用"、"应付职工薪酬"等科目，贷记"应交税费——应交消费税"科目。

4. 进口应税消费品的会计核算

企业进口应税消费品应交的消费税，按照规定应计入该进口消费品的成本，借记"固定资产"、"材料采购"、"在途物资"、"库存商品"等科目，贷记"银行存款"等科目。

5. 免征消费税的出口应税消费品的会计核算

小企业（生产性）直接出口或通过外贸企业出口的物资，按照税法规定直接予以免征消费税的，可不计算应交消费税。

6. 实际缴纳消费税的会计核算

企业应定期向税务部门缴纳消费税，按照本期应交消费税的金额，借记"应交税费——应交消费税"科目，贷记"银行存款"科目。

5.7.4 应交营业税的会计核算

1. 营业税概述

根据《中华人民共和国营业税暂行条例》的规定，营业税是对提供劳务、转让无形资产或销售不动产的单位和个人征收的一种税。营业税按照营业额和规定的税率计算应纳税额。其中，营业额是指企业提供应税劳务、转让无形资产或销售不动产向对方收取的全部价款和价外费用。价外费用包括向对方收取的手续费、基金、集资费、代收款项、代垫款项及其他各种性质的价外收费。营业税的税率如表 5-2 所示。

表 5-2   营业税税目税率表

税　目	税　率
一、交通运输业	3%
二、建筑业	3%
三、金融保险业	5%
四、邮电通信业	3%
五、文化体育业	3%
六、娱乐业	5% ~20%
七、服务业	5%
八、转让无形资产	5%
九、销售不动产	5%

企业应当在"应交税费"科目下设置"应交营业税"明细科目，进行营业税的核算。

2. 提供应税劳务的会计核算

企业提供应税劳务时，应确认劳务收入、结转劳务成本，同时应当按照应交营业税的金额，根据劳务的性质，借记"营业税金及附加"科目，贷记"应交税费——应交营业税"科目。

3. 销售不动产的会计核算

企业在销售不动产时，按照税法规定计算的应交营业税，借记"固定资产清理"科目，贷记"应交税费——应交营业税"科目。

4. 实际缴纳营业税的会计核算

企业应定期向税务部门缴纳营业税，按照本期应交营业税的金额，借记"应交税费——应交营业税"科目，贷记"银行存款"科目。

5.7.5　应交城市维护建设税和教育费附加的会计核算

城市维护建设税是我国为了加强城市的维护建设、扩大和稳定城市维护建设资金的来源而开征的一个税种。教育费附加是为了加快发展地方教育事业、扩大地方教育经费的资金来源而征收的一种费。

缴纳增值税、消费税、营业税的单位和个人应当以本期实际缴纳的增值税、消费税、营业税税额为计税依据，计算本期应交城市维护建设税和应交教育费附加的金额。

企业应当在"应交税费"科目下设置"应交城市维护建设税"、"应交教育费附加"明细科目进行核算，主要账务处理如下：

企业按规定计算应当交纳的城市维护建设税、教育费附加，借记"营业税金及附加"科目，贷记"应交税费——应交城市维护建设税"和"应交税费——应交教育费附加"科目。

交纳的城市维护建设税和教育费附加，借记"应交税费——应交城市维护建设税"、"应交税费——应交教育费附加"科目，贷记"银行存款"科目。

5.7.6　应交所得税的会计核算

所得税是按照企业当期应纳税所得额和适用税率计算征收的一种税。

企业应当在"应交税费"科目下设置"应交所得税"明细科目，进行所得税的核算，主要账务处理如下：

企业按照税法规定计算应交的所得税，借记"所得税费用"科目，贷记"应交税费——应交所得税"科目。

交纳的所得税，借记"应交税费——应交所得税"科目，贷记"银行存款"科目。

具体计算和会计处理参见第9章。

5.7.7 应交资源税的会计核算

资源税是国家对在我国境内开采矿产品或生产盐的单位和个人按照应税产品的课税数量和规定的单位税额计算征收的一种税。其中，课税数量的确定参照以下标准：

第一，开采或生产应税产品销售的，以销售数量为课税数量。

第二，开采或生产应税产品自用的，以自用数量为课税数量。

企业应当在"应交税费"科目下设置"应交资源税"明细科目，进行资源税的核算，主要账务处理如下：

企业销售商品应交纳的资源税，借记"营业税金及附加"科目，贷记"应交税费——应交资源税"科目。

自产自用的物资应交纳的资源税，借记"生产成本"等科目，贷记"应交税费——应交资源税"科目。

按照资源税暂行条例的规定，收购未税矿产品的单位为资源税的扣缴义务人。企业收购未税矿产品，应当按照实际支付的价款，借记"材料采购"、"在途物资"等科目，贷记"银行存款"等科目；按照代扣代缴的资源税，借记"材料采购"、"在途物资"等科目，贷记"应交税费——应交资源税"科目。

按照资源税暂行条例的规定，企业外购液体盐加工固体盐时，所购入液体盐交纳的资源税可以抵扣，主要账务处理包括：

（1）在购入液体盐时，按照所允许抵扣的资源税，借记"应交税费——应交资源税"科目；按照外购价款减去允许抵扣资源税后的金额，借记"在途物资"等科目；按照应当支付或实际支付的价款，贷记"应付账款"、"银行存款"等科目。

（2）加工成固体盐后，在销售时，按照计算出的销售固体盐应当交纳的资源税，借记"营业税金及附加"科目，贷记"应交税费——应交资源税"科目。

（3）将销售固体盐应当交纳的资源税抵扣液体盐已经交纳的资源税后的差额上交时，借记"应交税费——应交资源税"科目，贷记"银行存款"科目。

交纳的资源税，借记"应交税费——应交资源税"科目，贷记"银行存款"科目。

5.7.8　应交土地增值税的会计核算

土地增值税是对转让国有土地使用权、地上建筑物及其附着物并取得收入的单位和个人，按照转让房地产所取得的增值额和规定的税率计算征收的一种税。其中，转让房地产所取得的增值额是指转让房地产所取得的收入减去扣除项目金额后的余额。企业转让房地产所取得的收入包括货币收入、实物收入和其他收入。扣除项目主要包括：

①取得土地使用权所支付的金额。

②开发土地的成本、费用。

③新建房屋及配套设施的成本、费用，或旧房及建筑物的评估价格。

④与转让房地产有关的税金。

企业应当在"应交税费"科目下设置"应交土地增值税"明细科目，进行土地增值税的核算，主要账务处理如下：

兼营房地产业务的企业，应由当期收入负担的土地增值税，借记"营业税金及附加"科目，贷记"应交税费——应交土地增值税"科目。

转让的国有土地使用权与其他地上建筑物及其附着物一并在"固定资产"或"在建工程"科目核算的，转让时应交纳的土地增值税，借记"固定资产清理"等科目，贷记"应交税费——应交土地增值税"科目。

土地使用权在"无形资产"科目核算的，按照实际收到的金额，借记"银行存款"科目，按照应交纳的土地增值税，贷记"应交税费——应交土地增值税"；按照已计提的累计摊销，借记"累计摊销"科目；按照其成本，贷记"无形资产"科目；按照其差额，贷记"营业外收入——非流动资产处置净收益"科目或借记"营业外支出——非流动资产处置净损失"科目。

小企业（房地产开发经营）销售房地产应交纳的土地增值税，借记"营业税金及附加"科目，贷记本科目（应交土地增值税）。

交纳的土地增值税，借记"应交税费——应交土地增值税"，贷记"银行存款"科目。

5.7.9　应交城镇土地使用税、房产税、车船税、矿产资源补偿费、排污费的会计核算

城镇土地使用税是以开征范围的土地为征税对象，以实际占用的土地面积为计税标准，按规定税额对拥有土地使用权的单位和个人征收的一种行为税。

房产税是对在城市、县城、建制镇和工矿区征收的、由产权所有人缴纳的一种税。房产税按照房产原值一次扣除10%～30%后的余额计算缴纳。没有房产原值作为依据的，由房产所在地税务机关参考同类房产核定；房产出租的，以房产租金收入为房产税的计税依据。

车船税是对在我国境内依法到公安、交通、农业、渔业、军事等管理部门办理登记的车辆、船舶，根据其种类，按照规定的计税依据和年税额标准计算征收的一种财产税。

矿产资源补偿费是国家作为矿产资源所有者，依法向开采矿产资源的单位和个人收取的费用。

直接向环境排放污染物的单位和个体工商户，应当依照《排污费征收使用管理条例》的规定缴纳排污费。

小企业按照规定应交纳的城镇土地使用税、房产税、车船税、矿产资源补偿费、排污费，借记"营业税金及附加"科目，贷记"应交税费——应交城镇土地使用税、应交房产税、应交车船税、应交矿产资源补偿费、应交排污费"。

交纳的城镇土地使用税、房产税、车船税、矿产资源补偿费、排污费，借记"应交税费——应交城镇土地使用税、应交房产税、应交车船税、应交矿产资源补偿费、应交排污费"，贷记"银行存款"科目。

5.7.10　应交个人所得税的会计核算

小企业代扣代缴的个人所得税等，也通过"应交税费"科目核算，主要账务处理为：

（1）小企业按照规定计算应代扣代缴的职工个人所得税，借记"应付职工薪酬"科目，贷记"应交税费——应交个人所得税"科目。

（2）缴纳的个人所得税，借记"应交税费——应交个人所得税"科目，贷记

"银行存款"科目。

5.7.11　税收的返还

小企业按照规定实行企业所得税、增值税、消费税、营业税等先征后返的，应当在实际收到返还的企业所得税、增值税（不含出口退税）、消费税、营业税等时，借记"银行存款"科目，贷记"营业外收入"科目。

此外，由于企业缴纳的印花税不会发生应付未付税款的情况，不需要预计应纳税额，不存在与税务机关结算或清算的问题，所以不需要通过"应交税费"科目核算，而应当于购买印花税票时，借记"管理费用"科目，贷记"银行存款"科目。

5.8　应付利息

应付利息是指小企业按照合同约定应支付的借款利息。

月度终了，应当按照合同利率计算确定的利息费用，借记"财务费用"、"在建工程"等科目，贷记"应付利息"科目。

实际支付利息，借记"应付利息"科目，贷记"银行存款"等科目。

5.9　应付利润

应付利润是指小企业向投资者分配的利润。小企业根据规定或协议计算出应分配给投资者的利润，借记"利润分配"科目，贷记"应付利润"科目。

向投资者实际支付利润，借记"应付利润"科目，贷记"库存现金"、"银行存款"科目。

【例5-18】甲公司于2013年实现净利润450 000元，经董事会决议并经批准分配利润250 000元，并于2014年3月向投资者支付利润250 000元。

甲公司的账务处理如下。

①分配利润时

借：利润分配——应付利润　　　　　　　　　　　　　　　　　　　250 000

　　贷：应付利润　　　　　　　　　　　　　　　　　　　　　　　250 000

②支付利润时

借：应付利润   250 000

  贷：银行存款   250 000

5.10 其他应付款

5.10.1 其他应付款的核算内容

其他应付款是指小企业除应付账款、预收账款、应付职工薪酬、应交税费、应付利息、应付利润等以外的其他各项应付、暂收的款项，如应付租入固定资产和包装物的租金、存入保证金。

5.10.2 其他应付款的会计核算

小企业发生的其他各种应付、暂收款项，借记"管理费用"等科目，贷记"其他应付款"科目。

支付的其他各种应付、暂收款项，借记"其他应付款"科目，贷记"银行存款"等科目。

【例5-19】甲公司将一台设备出租给乙公司，收取押金24 000元，租期3个月。

甲公司的账务处理如下。

①收取押金时

借：银行存款   24 000

  贷：其他应付款   24 000

②3个月后，收回设备，退还押金

借：其他应付款   24 000

  贷：银行存款   24 000

③假设3个月后，由于乙公司保管不善，造成设备受损，按租约规定，甲公司扣留押金的50%作为罚款，其余押金退还乙公司

借：其他应付款   24 000

  贷：营业外收入   12 000

银行存款	12 000

小企业确实无法偿付的应付款项，计入营业外收入。

5.11　长期借款

5.11.1　长期借款的核算内容

长期借款是指小企业向银行或其他金融机构借入的期限在一年以上（不含一年）的各项借款。

5.11.2　长期借款的会计核算

1. 长期借款本金的会计核算

小企业取得借款本金时，应当按照实际收到的金额，借记"银行存款"科目，贷记"长期借款"科目。

偿还借款本金时，借记"长期借款"科目，贷记"银行存款"科目。

2. 长期借款利息的核算

月末，小企业应当按照借款本金和合同利率计算确定利息费用计提借款利息，借记"在建工程"、"财务费用"等科目，贷记"长期借款"科目。

支付借款利息时，借记"长期借款"科目，贷记"银行存款"科目。

【例5-20】甲公司为建造厂房，于2013年1月1日借入期限为2年的长期专项借款1 000 000元，款项已存入银行。借款合同利率9%，每年付息一次，到期还本。2013年1月1日，以银行存款支付工程价款共计1 000 000元。2014年8月31日，工程完工，达到预定可使用状态。

甲公司的账务处理如下。

①2013年1月1日，取得借款本金时

借：银行存款	1 000 000
贷：长期借款	1 000 000

②2013年1月1日，支付工程款时

借：在建工程	1 000 000
贷：银行存款	1 000 000

③2013 年 1 月 31 日，计算确定应当计入工程成本的利息时

借：在建工程   7 500

(1 000 000 × 9% ÷ 12)

     贷：长期借款   7 500

2013 年 2 ~ 12 月计提利息的分录同上。

④2013 年 12 月 31 日，支付借款利息时

借：长期借款   90 000

     贷：银行存款   90 000

⑤2014 年 1 月 31 日，计算确定应当计入工程成本的利息时

借：在建工程   7 500

(1 000 000 × 9% ÷ 12)

     贷：长期借款   7 500

2014 年 2 月至 8 月计提利息的分录同上。

⑥2014 年 8 月 31 日，工程达到预定可使用状态时

借：固定资产   1 150 000

(1 000 000 + 7500 × 20)

     贷：在建工程   1 150 000

⑦2014 年 9 月 30 日，计算确定应当计入财务费用的利息时

借：财务费用   7 500

(1 000 000 × 9% ÷ 12)

     贷：长期借款   7 500

2014 年 10 ~ 12 月计提利息的分录同上。

⑧2014 年 12 月 31 日，支付借款利息时

借：长期借款   90 000

     贷：银行存款   90 000

⑨2014 年 12 月 31 日，借款到期还本时

借：长期借款   1 000 000

     贷：银行存款   1 000 000

5.12　长期应付款

长期应付款是指小企业除长期借款以外的其他各种长期应付款项，包括应付融资租入固定资产的租赁费、以分期付款方式购入固定资产发生的应付款项等。具体会计处理详见第4章【例4-10】、【例4-11】。

具体会计处理详见第4章【例4-10】、【例4-11】。

延伸阅读

与《企业会计准则》的区别

《企业会计准则》规定了35个负债类科目，而《小企业会计准则》仅规定了10个负债类科目。两者的主要区别有以下两点。

第一，因金融企业一般规模比较大，《小企业会计准则》并未对涉及金融企业业务的科目做出相应规定，这涉及"存入保证金"、"拆入资金"等16个科目。

第二，《小企业会计准则》对诸如"交易性金融负债"、"应付债券"等科目没有做出规定，原因主要是小企业一般不涉及这些业务。

关于负债业务，《企业会计准则》与《小企业会计准则》规定的会计科目对比如表5-3所示。

表5-3　《企业会计准则》与《小企业会计准则》负债会计科目对比表

《企业会计准则》		《小企业会计准则》	
2001	短期借款	2001	短期借款
2002	存入保证金		
2003	拆入资金		
2004	向中央银行借款		
2011	吸收存款		
2012	同业存放		
2021	贴现负债		
2101	交易性金融负债		
2111	卖出回购金融资产款		
2201	应付票据	2201	应付票据

《企业会计准则》		《小企业会计准则》	
2202	应付账款	2202	应付账款
2203	预收账款	2203	预收账款
2211	应付职工薪酬	2211	应付职工薪酬
2221	应交税费	2221	应交税费
2231	应付利息	2231	应付利息
2232	应付股利	2232	应付利润
2241	其他应付款	2241	其他应付款
2251	应付保单红利		
2261	应付分保账款		
2311	代理买卖证券款		
2312	代理承销证券款		
2313	代理兑付证券款		
2314	代理业务负债		
2401	递延收益	2401	递延收益
2501	长期借款	2501	长期借款
2502	应付债券	2701	长期应付款
2601	未到期责任准备金		
2602	保险责任准备金		
2611	保户储金		
2621	独立账户负债		
2701	长期应付款		
2702	未确认融资费用		
2711	专项应付款		
2801	预计负债		
2901	递延所得税负债		

第6章
所有者权益

所有者权益，是指小企业资产扣除负债后由所有者享有的剩余权益，在金额上即等于资产减去负债后的净额。具体到财务报表构成项目上，小企业的所有者权益包括：实收资本、资本公积、盈余公积和未分配利润。

所有者权益是体现在净资产中的权益，是所有者对净资产的要求权。它不仅可以反映小企业的资本来源，揭示小企业的法定资本，还有助于向投资者、债权人等提供有关资本来源、净资产的增减变动、分配能力等信息。因此，小企业的所有者权益要素的核算有着十分重要的意义。

6.1　实收资本

6.1.1　实收资本概述

实收资本，是指投资者按照合同协议约定或相关规定投入到小企业，构成小企业注册资本的部分。它反映的是小企业实际收到投资者投入的资本，投资者依照其出资份额对小企业经营决策享有表决权，依照其出资额对小企业承担有限责任。

根据我国有关法律规定，投资者设立企业首先必须投入资本。实收资本是投资者投入资本形成法定资本的价值，所有者向企业投入的资本，在一般情况下无需偿还，可以长期周转使用。实收资本的构成比例，即投资者的出资比例或股东的股份比例，通常是确定所有者在企业所有者权益中所占的份额和参与企业财务经营决策的基础，也是企业进行利润分配的依据，同时还是企业清算时确定所有者对净资产的要求权的依据。

另外，应该区别实收资本与注册资本。注册资本是公司在设立时筹集的、由章程载明的、经公司登记机关登记注册的资本，是股东认缴或认购的出资额。由于公司认购股份以后，可以一次全部缴清，也可以分期缴纳，所以实收资本在某段时间内可能小于注册资本，但公司的注册资本与实收资本最终应当是一致的。

根据我国《公司法》规定：有限责任公司的注册资本为在公司登记机关登记的全体股东认缴的出资额。公司全体股东的首次出资额不得低于注册资本的20%，也不得低于法定的注册资本最低限额，其余部分由股东自公司成立之日起两年内缴足；其中，投资公司可以在五年内缴足。

有限责任公司注册资本的最低限额为人民币 3 万元。法律、行政法规对有限责任公司注册资本的最低限额有较高规定的，从其规定。一人有限责任公司的注册资本最低限额为人民币 10 万元，股东应当一次足额缴纳公司章程规定的出资额。

股份有限公司采取发起设立方式设立的，注册资本为在公司登记机关登记的全体发起人认购的股本总额。公司全体发起人的首次出资额不得低于注册资本的20%，其余部分由发起人自公司成立之日起两年内缴足；其中，投资公司可以在五年内缴足。股份有限公司采取募集方式设立的，注册资本为在公司登记机关登记的实收股本总额。股份有限公司注册资本的最低限额为人民币 500 万元。法律、行政法规对股份有限公司注册资本的最低限额有较高规定的，从其规定。

6.1.2　实收资本的账务处理

小企业应当设置"实收资本"科目，核算小企业接受投资者投入的实收资本。投资者可以用现金投资，也可以用现金以外的其他有形资产投资，符合国家规定比例的，还可以用无形资产投资。小企业收到投资者投入的资金，超过其在注册资本中所占份额的部分，应作为资本溢价，在"资本公积"科目中核算。

（1）小企业收到投资者的出资，借记"银行存款"、"其他应收款"、"固定资产"、"无形资产"等科目，按照其在注册资本中所占的份额，贷记"实收资本"科目，按照其差额，贷记"资本公积——资本溢价"科目。

【例6-1】甲、乙两家企业拟合资成立一家商品批发公司 A，A 在规模上属于小企业。甲、乙分别认缴的注册资本额为 200 000 元和 300 000，款项已经收到并已存入 A 公司的开户银行，其账务处理应如下。

借：银行存款　　　　　　　　　　　　　　　　　　　　　　500 000
　　贷：实收资本——甲企业　　　　　　　　　　　　　　　　200 000
　　　　　　　　——乙企业　　　　　　　　　　　　　　　　300 000

【例 6-2】在【例 6-1】中，如果甲企业以一批产成品作为出资方式，该批产成品的市场价值为 180 000 元，增值税专用发票上注明的增值税进项税额为 30 600 元，则 A 公司应做的会计处理如下。

借：库存商品　　　　　　　　　　　　　　　　　　　　　　180 000
　　应交税金——应交增值税（进项税额）　　　　　　　　　　 30 600
　　贷：实收资本——甲公司　　　　　　　　　　　　　　　　200 000
　　　　资本公积——资本溢价　　　　　　　　　　　　　　　 10 600

（2）投资者投入的资本，除下列情况外，不得随意变动。

①符合增资条件，并经有关部门批准增资。

②按法定程序报经批准减少注册资本。

小企业根据有关规定依法确定要增资时，具体的核算过程如下。

【例 6-3】沿用【例 6-1】的资料，A 公司股东甲、乙两家企业决议，决定吸收新股东丙公司加入 A 公司。经协商，丙企业出资 400 000 元，投资比例确定为 30%，相关法律程序已经办理妥当。在这种情况下，A 公司应做的会计处理如下。

借：银行存款　　　　　　　　　　　　　　　　　　　　　　400 000
　　贷：实收资本——丙企业　　　　　　　　　　　　　　　　270 000
　　　　资本公积——资本溢价　　　　　　　　　　　　　　　130 000

根据有关规定减少注册资本，借记"实收资本"科目、"资本公积"等科目，贷记"库存现金"、"银行存款"等科目。因减资而使股份发生变动的情况，在"实收资本"科目的有关明细账及备查簿中详细记录。小企业在减资时要注意，除要满足前述程序性要求外，减资后，企业的注册资本不能低于法定注册资本的最低限额。

（3）小企业（中外合作经营）根据合同规定在合作期间归还投资者的投资。

根据《中华人民共和国中外合作经营企业法》的有关规定，中外合作者在合作企业合同中约定合作期满时，合作企业的全部固定资产归中国合作者所有的，可以在合并企业合同中约定外国合作者在合作期限内先行收回投资。小企业（中外合作经营）根据合同规定在合作期间归还投资者的投资，应当按照实际归还投资的金额，借记"实收资本——已归还投资"科目，贷记"银行存款"等科目；同时，借记"利润分配——利润归还投资"科目，贷记"盈余公积——利润归还投资"科目。

【例6-4】某中外合资经营企业在合作经营合同中约定，分8年等额归还外国合作者的投资。每年归还投资额100万元，合作期满，企业全部固定资产归中国合作者所有。本年按规定以银行存款归还外国合作者投资额100万元。应做如下会计分录。

借：实收资本——已归还投资   1 000 000
  贷：银行存款   1 000 000
借：利润分配——利润归还投资   1 000 000
  贷：盈余公积——利润归还投资   1 000 000

6.2　资本公积

资本公积，是指小企业收到投资者出资额超过其在注册资本中所占份额的部分，具体见【例6-2】和【例6-3】。

根据相关规定，经投资者决议，用资本公积转增资本。具体会计处理为：

借：资本公积
  贷：实收资本

6.3　留存收益

留存收益是指小企业从历年实现的利润中提取或形成的留存于企业的内部积累。留存收益来源于企业在生产经营活动中所实现的净利润，主要包括盈余公积和未分配利润两类。

6.3.1　盈余公积

1. 盈余公积的组成及其用途

盈余公积是指小企业按照法律规定在税后利润中提取的法定公积金和任意公

积金。法定公积金和任意公积金的区别在于其各自计提的依据不同。前者以国家的法律或行政规章为依据提取；后者则由企业自行决定提取。

具体来说，法定盈余公积指企业按照规定的比例从净利润中提取的盈余公积。公司法规定，公司应按照净利润的10%提取法定盈余公积，计提的法定盈余公积累计达到注册资本的50%时，可以不再提取。任意盈余公积指企业经股东大会或类似机构批准按照规定的比例从净利润中提取的盈余公积。

企业提取的盈余公积主要用于如下方面。

（1）弥补亏损。按照规定，企业发生的亏损可以用亏损后5年内实现的税前利润弥补，在5年内仍不足弥补的，应使用继后实现的税后利润弥补。当企业发生的亏损以税后利润仍不足弥补的，可以用所提取的盈余公积弥补。用盈余公积弥补亏损，应当由董事会或类似机构决议。

（2）转增资本。当企业提取的盈余公积累积比较多时，经董事会或类似机构决议，可以将盈余公积转增资本，但盈余公积转增资本后，留存的盈余公积不得少于注册资本的25%。

（3）分配利润。在特殊情况下，企业也可以用盈余公积分配利润。

需要说明的是，对于外商投资企业，由于适用法律的特别规定，其盈余公积包括的内容有所不同：其一，储备基金，是指按照法律、法规规定从净利润中提取的、经批准用于弥补亏损和转增资本的储备基金。其二，企业发展基金，是指按照法律、行政法规规定从净利润中提取的、用于企业生产发展和经批准用于增加资本的企业发展基金。

2. 盈余公积的会计核算

（1）盈余公积的增加。

企业按规定提取各项盈余公积时，应当按照提取的各项盈余公积金额，借记"利润分配——提取法定盈余公积、提取任意盈余公积"科目，贷记"盈余公积——法定盈余公积、任意盈余公积"科目。

【例6-5】某小企业实现税后利润5 000 000元，经股东会决议，除按10%的比例计提法定盈余公积外，还按2%的比例计提任意盈余公积。该企业提取盈余公积的账务处理如下。

借：利润分配——提取法定盈余公积　　　　　　　　　　　　　　　500 000
　　　　　　——提取任意盈余公积　　　　　　　　　　　　　　　100 000

贷：盈余公积——法定盈余公积	500 000
——任意盈余公积	100 000

对于外商投资企业，在按规定提取储备基金、企业发展基金时，应当按照所提取的基金金额，借记"利润分配——提取储备基金、提取企业发展基金"科目，贷记"盈余公积——储备基金、企业发展基金"科目。

（2）留存收益的使用或减少。

①盈余公积弥补亏损。企业经董事会或类似机构决议，用盈余公积弥补亏损时，应当借记"盈余公积"科目，贷记"利润分配——盈余公积补亏"科目。

【例6-6】承【例6-5】，经过年末的计提后，该企业拥有法定盈余公积100万元。若经股东决定将盈余公积用于弥补以前年度亏损60万元，则应做如下分录。

借：盈余公积——法定盈余公积	600 000
贷：利润分配——盈余公积补亏	600 000

②盈余公积转增资本。经批准用盈余公积转增资本时，应按照实际用于转增资本的盈余公积金额，借记"盈余公积"科目，贷记"实收资本"等科目。

【例6-7】承【例6-6】，若经股东会同意，将盈余公积转增资本50万元，则应做分录如下。

借：盈余公积——法定盈余公积	500 000
贷：实收资本	500 000

③小企业（中外合作经营）根据合同规定在合作期间归还投资者的投资。应按实际归还投资的金额，借记"实收资本——已归还投资"科目，贷记"银行存款"等科目；同时，借记"利润分配——利润归还投资"科目，贷记"盈余公积——利润归还投资"。

6.3.2 未分配利润

未分配利润，是指小企业实现的净利润经过弥补亏损、提取法定公积金和任意公积金、向投资者分配利润后留存在小企业的、历年结存的利润。这是企业留待以后年度进行分配的结存利润，也是企业所有者权益的组成部分。相对于所有者权益的其他部分来讲，企业对于未分配利润的使用分配有较大的自主权。从数量上来讲，未分配利润是期初未分配利润，加上本期实现的净利润，减去提取的各种盈余公积和分出利润后余额。

　　未分配利润通常用于留待以后年度向投资者进行分配。企业的未分配利润是个结余数字，在会计期末，企业将会计期间内所实现的所有收入和成本、费用、支出项目都归集到"本年利润"科目下，计算出净利润或净亏损之后，转入"利润分配——未分配利润"科目，然后对实现的净利润进行分配。分配之后，"利润分配——未分配利润"科目的余额如果在贷方，即为累积未分配利润；如果在借方，即为累积未弥补亏损。具体核算过程见第 9 章。

延伸阅读

与《企业会计准则》的区别

　　在《企业会计准则》中，资本公积包括企业收到投资者出资额超出其在注册资本或股本中所占份额的部分，以及直接计入所有者权益的利得和损失。所设置的二级明细科目包括"资本溢价（股本溢价）"、"其他资本公积"。而《小企业会计准则》中的资本公积没有包含直接计入所有者权益的利得和损失。

第7章
收　入

7.1　收入概述

7.1.1　收入的定义

收入，是指小企业在日常活动中形成的、会导致所有者权益增加的、与所有者投入资本无关的经济利益的总流入，通常包括销售商品收入和提供劳务收入。根据定义，收入具有以下特征。

1. 收入是企业在日常活动中形成的

日常活动是指企业为完成其经营目标所从事的经常性活动以及与之相关的活动。例如，工业企业制造并销售产品、商业企业销售商品、保险公司签发保单、咨询公司提供咨询服务、软件企业为客户开发软件、安装公司提供安装服务、商业银行对外贷款、租赁公司出租资产等，均属于企业的日常活动。明确界定日常活动，是为了将收入与利得相区分。日常活动是确认收入的重要判断标准，凡是日常活动所形成的经济利益的流入，应当确认为收入；反之，非日常活动所形成的经济利益的流入，不能确认为收入，而应当计入利得。比如，处置固定资产属于非日常活动，所形成的净利益就不应确认为收入，而应当确认为利得。再如，无形资产出租所取得的租金收入属于日常活动所形成的，应当确认为收入，但是处置无形资产属于非日常活动，所形成的净利益，不应当确认为收入，而应当确认为利得。

2. 收入会导致所有者权益的增加

与收入相关的经济利益的流入应当会导致所有者权益的增加，不会导致所有者权益增加的经济利益的流入不符合收入的定义，不应确认为收入。例如，企业向银行借入款项，尽管也导致了企业经济利益的流入，但该流入并不导致所有者权益的增加，而使企业承担了一项现时义务，所以不应将其确认为收入，应当确认为一项负债。

3. 收入是与所有者投入资本无关的经济利益的总流入

收入应当会导致经济利益的流入，从而导致资产的增加。例如，企业销售商品，应当收到现金或者在未来有权收到现金，才表明该交易符合收入的定义。但是，经济利益的流入有时是所有者投入资本的增加所致，所有者投入资本的增加不应当确认为收入，应当将其直接确认为所有者权益。

7.1.2 收入的确认条件

企业收入的来源渠道多种多样，不同收入来源的特征有所不同，其收入确认条件也往往存在一些差别。一般而言，收入只有在经济利益很可能流入从而导致企业资产增加或者负债减少、经济利益的流入额能够可靠计量时才能予以确认。也就是说，收入的确认至少应当符合三个条件：一是与收入相关的经济利益应当很可能流入企业；二是经济利益流入企业的结果会导致资产的增加或者负债的减少；三是经济利益的流入额能够可靠计量。

7.1.3 收入的分类

小企业的收入按收入形成的原因分为商品销售收入和提供劳务收入；按企业经营业务的主次分为主营业务收入和其他业务收入。小企业主营业务收入主要包括确认的销售商品或提供劳务等收入；其他业务收入是小企业确认的除主营业务活动以外的其他日常生产经营活动实现的收入，包括出租固定资产、出租无形资产、销售材料等实现的收入。

延伸阅读

与《企业会计准则》的区别

《小企业会计准则》没有规定让渡资产使用权收入的会计处理。

7.2 商品销售收入

7.2.1 商品销售收入的确认

销售商品收入，是指小企业销售商品（或产成品、材料）取得的收入。通常情况下，小企业应当在发出商品且收到货款或取得收款权利时，确认销售商品收入。具体情形如表7-1所示。

表7-1 <center>销售商品收入确认的具体情形</center>

商品销售的情形	确认条件
销售商品采用托收承付方式	在办妥托收手续时确认收入
销售商品采取预收款方式	在发出商品时确认收入
销售商品采用分期收款方式	在合同约定的收款日期确认收入
销售商品需要安装和检验	在购买方接受商品以及安装和检验完毕时确认收入；如果安装程序比较简单，可在发出商品时确认收入
销售商品采用支付手续费方式委托代销	在收到代销清单时确认收入
销售商品以旧换新	销售的商品作为商品销售处理，回收的商品作为购进商品处理
采取产品分成方式取得的收入	在分得产品之日按照产品的市场价格或评估价值确定销售商品收入金额

延伸阅读

与《企业会计准则》的区别

《企业会计准则第14号——收入》规定，销售商品收入同时满足下列条件的，才能予以确认。

（1）企业已将商品所有权上的主要风险和报酬转移给购货方；

（2）企业既没有保留通常与所有权相联系的继续管理权，也没有对已售出的商品实施有效控制；

（3）收入的金额能够可靠的计量；

（4）相关的经济利益很可能流入企业；

（5）相关的已发生或将发生的成本能够可靠的计量。

7.2.2　商品销售收入的计量

小企业应当按照从购买方已收或应收的合同或协议价款，确定销售商品收入金额。在计量商品销售收入金额时，应考虑如下因素，见表7－2。

表7－2　　　　　　　　　　　销售商品收入计量应考虑的因素

因　素	内　容	会计处理
现金折扣	现金折扣是指债权人为鼓励债务人在规定的期限内付款而向债务人提供的债务扣除	应当按照扣除现金折扣前的金额确定销售商品收入金额。现金折扣应当在实际发生时，计入当期损益
商业折扣	商业折扣是指小企业为促进商品销售而在商品标价上给予的价格扣除	应当按照扣除商业折扣后的金额确定销售商品收入金额
销售退回	销售退回是指小企业售出的商品由于质量、品种不符合要求等原因发生的退货	小企业已经确认销售商品收入的售出商品发生的销售退回（不论属于本年度还是属于以前年度的销售），应当在发生时冲减当期销售商品收入
销售折让	销售折让是指小企业因售出商品的质量不合格等原因而在售价上给予的减让	小企业已经确认销售商品收入的售出商品发生的销售折让，应当在发生时冲减当期销售商品收入

延伸阅读

与《企业会计准则》的区别

《企业会计准则第14号——收入》规定，企业应当按照从购货方已收或应收的合同或协议价款确定销售商品收入金额，但已收或应收的合同或协议价款不公允的除外。合同或协议价款的收取采用递延方式，实质上具有融资性质的，应当按照应收的合同或协议价款的公允价值确定销售商品收入金额。应收的合同或协议价款与其公允价值之间的差额，应当在合同或协议期间内采用实际利率法进行摊销，计入当期损益。

《小企业会计准则》对递延方式收取价款的收入没有做出规定。

7.2.3 商品销售收入的会计处理

1. 托收承付方式销售商品的处理

托收承付，是指企业根据合同发货后，委托银行向异地付款单位收取款项，由购货方向银行承诺付款的销售方式。在这种方式下，企业通常应在办妥托收手续时确认收入。

【例7-1】甲公司在2013年7月12日向乙公司销售一批商品，开出的增值税专用发票上注明的销售价格为100 000元，增值税额为17 000元，款项尚未收到；该批商品成本60 000元，甲公司办妥托收手续。2013年10月16日收到款项。

①2013年7月12日办妥托收手续时

借：应收账款		117 000
贷：主营业务收入		100 000
应交税费——应交增值税（销项税额）		17 000
借：主营业务成本		60 000
贷：库存商品		60 000

②2013年10月16日收到款项时

借：银行存款		117 000
贷：应收账款		117 000

2. 采用预收账款方式销售商品的处理

销售商品采取预收款方式的，在发出商品时确认收入。

【例7-2】甲公司在2013年1月12日与乙公司签订协议，采用预收账款方式销售一批商品。该批商品实际成本700 000元，销售价格为1 000 000元，增值税款170 000元。在签订协议时，乙公司按不含税价格预付30%的货款。2013年2月20日发出商品，2013年3月12日收到剩余货款。

①2013年1月12日

借：银行存款		300 000
贷：预收账款		300 000

②2013年2月20日

借：预收账款		1 170 000
贷：主营业务收入		1 000 000

应交税费——应交增值税（销项税额）	170 000
借：主营业务成本	700 000
贷：库存商品	700 000

③2013 年 3 月 12 日

借：银行存款	870 000
贷：预收账款	870 000

3. 采用支付手续费方式委托代销销售商品的处理

销售商品采用支付手续费方式委托代销的，在收到代销清单时确认收入。

【例7－3】甲公司在2013 年1 月12 日与乙公司签订协议，采用委托代销方式销售一批商品，该批商品实际成本700 000 元。2013 年2 月20 日收到代销清单，销售价格为1 000 000 元，增值税款170 000 元，乙公司按不含税售价的10% 收取手续费。2013 年3 月12 日收到货款。

①2013 年1 月12 日

不做账务处理。

②2013 年2 月20 日

借：应收账款	1 170 000
贷：主营业务收入	1 000 000
应交税费——应交增值税（销项税额）	170 000
借：主营业务成本	700 000
贷：库存商品	700 000
借：销售费用	100 000
贷：应收账款	100 000

③2013 年3 月12 日

借：银行存款	1 070 000
贷：应收账款	1 070 000

延伸阅读

与《企业会计准则》的区别

　　与《企业会计准则》相比，小企业在托收承付和委托代销方式销售商品时，均不设置"发出商品"会计科目。

4. 以旧换新销售商品的处理

销售商品以旧换新的，销售的商品作为商品销售处理，回收的商品作为购进商品处理。

【例7-4】甲公司以以旧换新方式开展彩电销售业务，2013年3月，共销售彩色电视机100台，每台不含税销售价格为1 000元，每台销售成本为900元；同时回收100台，每台的回收价格为234元（含增值税）。款项均已收付。

①销售彩电的会计处理

借：银行存款　　　　　　　　　　　　　　　　　　　117 000
　　贷：主营业务收入　　　　　　　　　　　　　　　　100 000
　　　　应交税费——应交增值税（销项税额）　　　　　 17 000
借：主营业务成本　　　　　　　　　　　　　　　　　　90 000
　　贷：库存商品　　　　　　　　　　　　　　　　　　 90 000

②回收彩电的会计处理

借：原材料　　　　　　　　　　　　　　　　　　　　　20 000
　　应交税费——应交增值税（进项税额）　　　　　　　 3 400
　　贷：银行存款　　　　　　　　　　　　　　　　　　 23 400

5. 销售商品涉及现金折扣、商业折扣、销售折让的处理

【例7-5】甲公司在2013年5月1日向乙公司销售一批商品，开出的增值税专用发票上注明的销售价格为10 000元，增值税额为1700元。为及早收回货款，甲公司和乙公司约定的现金折扣条件为：2/10，1/20，n/30。假定计算现金折扣时不考虑增值税额。甲公司的账务处理如下。

①5月1日销售实现时，按销售总价确认收入

借：应收账款　　　　　　　　　　　　　　　　　　　　11 700
　　贷：主营业务收入　　　　　　　　　　　　　　　　10 000
　　　　应交税费——应交增值税（销项税额）　　　　　　1 700

②如果乙公司在5月9日付清货款，则按销售总价10 000元的2%享受现金折扣200（10 000×2%）元，实际付款11 500（11 700-200）元

借：银行存款　　　　　　　　　　　　　　　　　　　　11 500
　　财务费用　　　　　　　　　　　　　　　　　　　　　 200
　　贷：应收账款　　　　　　　　　　　　　　　　　　 11 700

③如果乙公司在 5 月 18 日付清货款，则按销售总价 10 000 元的 1% 享受现金折扣 100 （10 000 × 1%）元，实际付款 11 600 （11 700 − 100）元

借：银行存款 11 600

　　财务费用 100

　　贷：应收账款 11 700

④如果乙公司在 5 月底才付清货款，则按全额付款

借：银行存款 11 700

　　贷：应收账款 11 700

【例 7 − 6】 甲公司在 2013 年 6 月 1 日向乙公司销售一批商品，开出的增值税专用发票上注明的销售价格为 800 000 元，增值税额为 136 000 元，款项尚未收到；该批商品成本为 640 000 元。乙公司在验收过程中发现商品外观上存在瑕疵，基本上不影响使用，要求甲公司在价格上（不含增值税额）给予 5% 的减让。假定甲公司已确认销售收入，与销售折让有关的增值税额税务机关允许冲减，销售折让不属于资产负债表日后事项。甲公司的账务处理如下。

①2013 年销售实现时

借：应收账款 936 000

　　贷：主营业务收入 800 000

　　　　应交税费——应交增值税（销项税额） 136 000

借：主营业务成本 640 000

　　贷：库存商品 640 000

②发生销售折让时

借：主营业务收入 40 000

　　应交税费——应交增值税（销项税额） 6 800

　　贷：应收账款 46 800

③实际收到款项时

借：银行存款 889 200

　　贷：应收账款 889 200

6. 销售退回

销售退回，是指小企业售出的商品由于质量、品种不符合要求等原因发生的退货。小企业已经确认销售商品收入的售出商品发生销售退回（不论是属于本年

度还是属于以前年度销售的），应当在发生时冲减主营业务收入或其他业务收入。

【例7-7】甲公司在2013年10月12日销售给乙公司100件商品，该批商品实际成本700 000元，销售价格为1 000 000元，增值税款170 000元，价款尚未收到。2014年3月12日因质量原因退回20件。

①2013年10月12日

借：应收账款   1 170 000

    贷：主营业务收入   1 000 000

        应交税费——应交增值税（销项税额）   170 000

借：主营业务成本   700 000

    贷：库存商品   700 000

②2014年3月12日

借：主营业务收入   200 000

    应交税费——应交增值税（销项税额）   34 000

    贷：应收账款   234 000

借：库存商品   140 000

    贷：主营业务成本   140 000

延伸阅读

与《企业会计准则》的区别

《企业会计准则》规定在资产负债表日后发生的销售退回，应冲减报告年度的收入和成本。《小企业会计准则》则对销售退回的处理不再做资产负债表日前后的区分，一律冲减退回发生当期的收入和成本。

7. 销售材料的会计处理

小企业日常活动中还可能发生对外销售不需用的原材料、随同商品对外销售单独计价的包装物等业务，其收入确认和计量比照商品销售处理。收入计入"其他业务收入"科目，成本计入"其他业务成本"科目。

7.3　提供劳务收入

小企业提供劳务的收入，是指小企业从事建筑安装、修理修配、交通运输、仓储租赁、邮电通信、咨询经纪、文化体育、科学研究、技术服务、教育培训、餐饮住宿、中介代理、卫生保健、社区服务、旅游、娱乐、加工以及其他劳务服务活动取得的收入。

提供劳务包括两种情况：一是在同一会计期间内开始并完成的劳务，二是劳务的开始和完成分属不同的会计期间。

延伸阅读

与《企业会计准则》的区别

《企业会计准则》没有明确同一会计期间内开始并完成的劳务和劳务的开始和完成分属不同的会计期间两种情况，而是按资产负债表日提供劳务交易的结果能够可靠估计和不能够可靠估计分别进行了规定。

7.3.1 在同一会计期间内开始并完成劳务的处理

同一会计期间内开始并完成的劳务，应当在提供劳务交易完成且收到款项或取得收款权利时，确认主营业务收入或其他业务收入。主营业务收入或其他业务收入的金额通常为从接受劳务方已收或应收的合同或协议价款。

【例7-8】A公司于2013年4月1日接受一项设备安装任务，安装期为3个月，合同总收入600 000元，实际发生安装费用为280 000元（假定均为安装人员薪酬）。2013年6月30日完工，款项尚未收到。

①实际发生劳务成本时

借：劳务成本   280 000

    贷：应付职工薪酬   280 000

②2013年6月30日确认劳务收入并结转劳务成本时

借：应收账款   600 000

    贷：主营业务收入   600 000

借：主营业务成本   280 000

    贷：劳务成本   280 000

7.3.2 劳务的开始和完成分属不同会计期间的处理

劳务的开始和完成分属不同会计年度的，应当按照完工进度确认提供劳务收入。年度资产负债表日，按照提供劳务收入总额乘以完工进度扣除以前会计年度累计已确认提供劳务收入后的金额，确认本年度的提供劳务收入；同时，按照估计的提供劳务成本总额乘以完工进度扣除以前会计年度累计已确认营业成本后的金额，结转本年度营业成本。即采用完工百分比法确认劳务收入和费用。

1. 完工百分比法

完工百分比法，是指按照提供劳务交易的完工进度确认收入和费用的方法。

公式表示如下：

本期确认的收入＝劳务总收入×本期末止劳务的完工进度－以前期间已确认的收入

本期确认的费用＝劳务总成本×本期末止劳务的完工进度－以前期间已确认的费用

交易的完工进度能够可靠的确定，是指交易的完工进度能够合理的估计。企业确定提供劳务交易的完工进度，可以选用下列方法。

（1）已完工作的测量。这是一种比较专业的测量方法，由专业测量师对已经提供的劳务进行测量，并按一定方法计算确定提供劳务交易的完工程度。

（2）已经提供的劳务占应提供劳务总量的比例。这种方法主要以劳务量为标准确定提供劳务交易的完工程度。

（3）已经发生的成本占估计总成本的比例。这种方法主要以成本为标准确定提供劳务交易的完工程度。只有已提供劳务的成本，才能包括在已经发生的成本中；只有已提供或将提供劳务的成本，才能包括在估计总成本中。

【例7－9】某广告公司2013年12月8日承接一项广告设计，预计期限2个月，合同收入30 000元，预计完成该项业务的成本20 000元。截止2013年12月31日，已完成全部设计工作的60%，发生各种费用15 000元，全部用银行存款支付。2014年1月以银行存款支付各项设计费用5 000元，2014年1月15日完成设计，并收回所有款项。

①2013年12月，设计过程中，发生并确认有关成本费用

借：劳务成本   15 000

    贷：银行存款   15 000

确认的劳务收入：

劳务收入＝30 000×60%＝18 000元

借：应收账款   18 000

     贷：主营业务收入   18 000

月末，结转劳务成本

劳务成本 = 20 000 × 60% = 12 000 元

借：主营业务成本   12 000

     贷：劳务成本   12 000

②2014 年 1 月

设计过程中，发生并确认有关成本费用：

借：劳务成本   5 000

     贷：银行存款   5 000

确认劳务收入：

劳务收入 = 30 000 − 30 000 × 60% = 12 000 元

借：应收账款   12 000

     贷：主营业务收入   12 000

月末，结转劳务成本

劳务成本 = 20 000 − 20 000 × 60% = 8 000 元

借：主营业务成本   8 000

     贷：劳务成本   8 000

收取设计款：

借：银行存款   30 000

     贷：应收账款   30 000

延伸阅读

与《企业会计准则》的区别

《小企业会计准则》对劳务交易结果不能可靠估计的会计处理没有做出规定。

7.3.3 同时销售商品和提供劳务的处理

小企业与其他企业签订的合同或协议包含销售商品和提供劳务时，销售商品部分和提供劳务部分能够区分且能够单独计量的，应当将销售商品的部分作为销售商品处理，将提供劳务的部分作为提供劳务处理。

销售商品部分和提供劳务部分不能够区分，或虽能区分但不能够单独计量的，应当作为销售商品处理。

7.4　建造合同收入

建造合同是指为建造一项或数项在设计、技术、功能、最终用途等方面密切相关的资产而订立的合同。合同的甲方称为客户，乙方称为建造承包商。

7.4.1　建造合同成本的归集

设置"机械作业"和"工程施工"两个会计科目对小企业的建造合同成本进行归集。

1. "机械作业"科目

本科目核算小企业（建造承包商）及其内部独立核算的施工单位、机械站和运输队使用自有施工机械和运输设备进行机械作业（包括机械化施工和运输作业等）所发生的各项费用。小企业及其内部独立核算的施工单位，从外单位或本企业其他内部独立核算的机械站租入施工机械发生的机械租赁费，在"工程施工"科目核算。

"机械作业"成本项目一般包括：人工费、燃料及动力费、折旧及修理费、其他直接费用、间接费用（为组织和管理机械作业生产所发生的费用）。主要账务处理如下。

（1）小企业发生的机械作业支出：

借：机械作业

　　贷：原材料、应付职工薪酬、累计折旧等

（2）期（月）末，小企业及其内部独立核算的施工单位、机械站和运输队为本单位承包的工程进行机械化施工和运输作业的成本，应转入承包工程的成本：

借：工程施工

　　贷：机械作业

对外单位、专项工程等提供机械作业（包括运输设备）的成本：

借：劳务成本

贷：机械作业

2. "工程施工"科目

本科目核算小企业（建造承包商）实际发生的合同成本和合同毛利。按建造合同，分别以"合同成本"、"间接费用"、"合同毛利"进行明细核算。

（1）小企业进行合同建造时发生的人工费、材料费、机械使用费以及施工现场材料的二次搬运费、生产工具和用具使用费、检验试验费、临时设施折旧费等其他直接费用：

借：工程施工——合同成本

　　贷：应付职工薪酬、原材料等

（2）发生的施工、生产单位管理人员职工薪酬、固定资产折旧费、财产保险费、工程保修费、排污费等间接费用：

借：工程施工——间接费用

　　贷：累计折旧、银行存款等

期（月）末，将间接费用分配计入有关合同成本：

借：工程施工——合同成本

　　贷：工程施工——间接费用

7.4.2　工程结算

小企业向业主办理工程价款结算，按应结算的金额：

借：应收账款等

　　贷：工程结算

收到款项：

借：银行存款

　　贷：应收账款

7.4.3　确认合同收入和合同费用

根据完工进度，分别确认合同收入、合同费用，两者的差额计入合同毛利。会计处理为：

借：主营业务成本

　　工程施工——合同毛利

贷：主营业务收入

7.4.4 合同完工

借：工程结算

　　贷：工程施工

【例7-10】某小企业签订了一项总金额为5 800 000元的固定造价合同，承建一艘船舶，合同完工进度按照累计实际发生的合同成本占合同预计总成本的比例确定。工程已于2013年2月开工，预计2015年8月完工。最初预计的工程总成本为5 500 000元，到2013年底，由于材料价格上涨等因素调整了预计总成本，预计工程总成本已为6 000 000元。该造船企业于2015年6月提前两个月完成了造船合同，工程质量优良，客户同意支付奖励款200 000元。建造该艘船舶的其他有关资料如表7-2所示。

表7-2　　　　　　　　　　　　　　　　　　　　　　　　　　　　单位：元

项　目	2013年	2014年	2015年
累计实际发生成本	1 540 000	4 800 000	5 950 000
预计完成合同尚需发生成本	3 960 000	1 200 000	—
结算合同价款	1 740 000	2 960 000	1 300 000
实际收到价款	1 700 000	2 900 000	1 400 000

　　假定成本中20%是使用自有施工机械和运输设备进行机械作业所发生的，10%是从外单位租入施工机械发生的，另70%为非机械作业。

　　该小企业对本项建造合同的有关会计处理如下：

1. 2013年账务处理

（1）登记实际发生的合同成本

借：工程施工——合同成本　　　　　　　　　　　　　　　　1 232 000

　　贷：原材料、应付职工薪酬等　　　　　　　　　　　　　1 232 000

借：机械作业　　　　　　　　　　　　　　　　　　　　　　308 000

　　贷：原材料、应付职工薪酬等　　　　　　　　　　　　　308 000

借：工程施工——合同成本　　　　　　　　　　　　　　　　308 000

　　贷：机械作业　　　　　　　　　　　　　　　　　　　　308 000

（2）登记已结算的合同价款

借：应收账款   1 740 000

  贷：工程结算   1 740 000

（3）登记实际收到的合同价款

借：银行存款   1 700 000

  贷：应收账款   1 700 000

（4）确认计量当年的收入和费用，并登记入账

2013 年的完工进度 = $1\,540\,000 \div (1\,540\,000 + 3\,960\,000) \times 100\% = 28\%$

2013 年确认的合同收入 = $5\,800\,000 \times 28\% = 1\,624\,000$（元）

2013 年确认的合同费用 = $(1\,540\,000 + 3\,960\,000) \times 28\% = 1\,540\,000$（元）

2013 年确认的毛利 = $1\,624\,000 - 1\,540\,000 = 84\,000$（元）

借：工程施工——合同毛利   84 000

  主营业务成本   1 540 000

  贷：主营业务收入   1 624 000

2. 2014 年的账务处理

（1）登记实际发生的合同成本

借：工程施工——合同成本   2 608 000

  贷：原材料、应付职工薪酬等   2 608 000

借：机械作业   652 000

  贷：原材料、应付职工薪酬等   652 000

借：工程施工——合同成本   652 000

  贷：机械作业   652 000

（2）登记结算的合同价款

借：应收账款   2 960 000

  贷：工程结算   2 960 000

（3）登记实际收到的合同价款

借：银行存款   2 900 000

  贷：应收账款   2 900 000

（4）确认计量当年的合同收入和费用，并登记入账

2014 年的完工进度 = $4\,800\,000 \div (4\,800\,000 + 1\,200\,000) \times 100\% = 80\%$

2014 年确认的合同收入 = 5 800 000 × 80% − 1 624 000 = 3 016 000（元）

2014 年确认的合同费用 = （4 800 000 + 1 200 000）× 80% − 1 540 000 = 3 260 000（元）

2014 年确认的毛利 = 3 016 000 − 3 260 000 = − 244 000（元）

借：主营业务成本 3 260 000

　　贷：主营业务收入 3 016 000

　　　　工程施工——合同毛利 244 000

3. 2015 年的账务处理

（1）登记实际发生的合同成本

借：工程施工——合同成本 920 000

　　贷：原材料、应付职工薪酬等 920 000

借：机械作业 230 000

　　贷：原材料、应付职工薪酬等 230 000

借：工程施工——合同成本 230 000

　　贷：机械作业 23 000

（2）登记结算的合同价款

借：应收账款 1 300 000

　　贷：工程结算 1 300 000

（3）登记实际收到的合同价款

借：银行存款 1 400 000

　　贷：应收账款 1 400 000

（4）确认计量当年的合同收入和费用，并登记入账

2015 年确认的合同收入 = 合同总金额 − 至目前止累计已确认的收入

= （5 800 000 + 200 000）− （1 624 000 + 3 016 000）= 1 360 000（元）

2015 年确认的合同费用 = 5 950 000 − 1 540 000 − 3 260 000 = 1 150 000（元）

2015 年确认的毛利 = 1 360 000 − 1 150 000 = 210 000（元）

借：主营业务成本 1 150 000

　　工程施工——合同毛利 210 000

　　贷：主营业务收入 1 360 000

（5）2015 年工程全部完工，将"工程施工"科目的余额与"工程结算"科

目的余额相对冲

借：工程结算　　　　　　　　　　　　　　　　　　　　6 000 000

　　贷：工程施工——合同成本　　　　　　　　　　　　　　5 950 000

　　　　工程施工——合同毛利　　　　　　　　　　　　　　　50 000

延伸阅读

与《企业会计准则》的区别

《企业会计准则》规定，合同预计总成本超过合同总收入的，应当将预计损失确认为当期费用；《小企业会计准则》对此未做规定。

第 8 章
费 用

8.1　费用的概念

费用，是指小企业在日常活动中发生的，会导致所有者权益减少的、与向所有者分配利润无关的经济利益的总流出。

费用有广义与狭义之分。狭义的费用仅包括与企业的商品生产或劳务等日常经营活动所产生的费用，具体包括：营业成本、营业税金及附加、销售费用、财务费用、管理费用等。这些费用的发生与企业的日常经营活动有直接联系，在会计期末都要直接计入当期损益。

广义的费用除了上述内容外，还包括企业在材料物资的采购、产品生产、劳务提供中发生的费用。这些费用在发生时计入"原材料"、"生产成本"、"制造费用"、"劳务成本"等会计科目，列入资产负债的"存货"项目中。费用按经济用途分类的组成内容如图 8-1 所示。

本章涉及的费用是其狭义概念。

8.2　费用的确认与计量

8.2.1　费用的确认

根据费用的定义，费用是为了取得收入或收益而发生的各种类型的支出。费用的性质揭示了费用与收入的内在联系以及由此产生的直接结果，即费用的确认

费用 ──┬── 生产费用 ──┬── 直接材料 ──┬── 直接材料 ──┬── 在发生时直接计入成本核算对象 ──┐
       │   │   └── 直接人工 ──┘   │── 销售时计入当期损益
       │   └── 间接费用 ── 制造费用 ── 在发生时直接计入成本核算对象 ──┘
       └── 期间费用 ──┬── 管理费用
                      ├── 销售费用 ── 在发生时直接计入当期损益
                      └── 财务费用

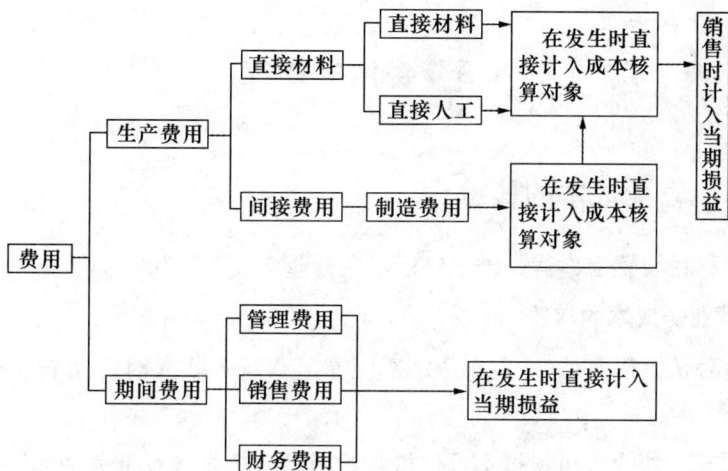

图 8-1　费用按经济用途分类的组成内容

原则应是费用与收入相配比。

费用与收入的配比要求在两者之间找到一个恰当的关系。形成费用的支出有的直接产生收入,有的间接产生收入,有的不产生收入;有的产生本期收入,有的产生其他各期收入。根据费用与收入的相互关系,可以将费用分为直接配比费用、间接配比费用和期间配比费用三项。与此相对应有三种费用的确认方法:根据因果关系确认费用、系统地合理地分配费用和支出发生时立即确认费用。

可见,费用应按照权责发生制和配比原则予以确认,但凡属于本期发生的费用,不论其是否支付款项,均应确认为本期费用;反之,不属于本期发生的费用,即使其款项已在本期支付,也不应确认为本期费用。

8.2.2　费用的计量

费用的计量是对费用发生金额的确认。从理论上讲,企业费用的发生就是对资产的消耗,而已消耗的资产价值又可以采用不同的方法来计量。因此,对于作为资产转化形式的费用,也可以采用不同的计量方法。与资产一般计量方法相一致,费用也通常采用历史成本计量,但当资产的计量属性发生变化时,费用的计量方法也随之发生变化。

8.3　费用的核算

8.3.1　营业成本的核算

在会计科目设置上，营业成本包括"主营业务成本"和"其他业务成本"。

1. 主营业务成本的核算

小企业确认销售商品（或提供劳务）等主营业务收入时应结转主营业务成本。

（1）月末，小企业可根据本月销售各种商品或提供各种劳务的实际成本，计算应结转的主营业务成本，会计处理如下。

借：主营业务成本

　　贷：库存商品、生产成本、工程施工等

（2）本月发生的销售退回，可以直接从本月的销售数量中减去，得出本月销售的净数量，然后计算应结转的主营业务成本；也可以单独计算本月销售退回成本。会计处理如下。

借：库存商品等

　　贷：主营业务成本

（3）月末，可将"主营业务成本"科目的余额转入"本年利润"科目，结转后该科目无余额。

借：本年利润

　　贷：主营业务成本

2. 其他业务成本的核算

其他业务成本是小企业确认的除主营业务活动以外的其他日常生产经营活动所发生的支出，包括销售材料的成本、出租固定资产的折旧费、出租无形资产的摊销额等。

（1）小企业发生的其他业务成本。

借：其他业务成本

　　贷：原材料、周转材料、累计折旧、累计摊销、银行存款等

（2）月末，将"其他业务成本"科目余额转入"本年利润"科目，结转后该

科目应无余额。

> 借：本年利润

>> 贷：其他业务成本

7.3.2 营业税金及附加的核算

小企业主要经营业务发生的消费税、营业税、城市维护建设税、资源税、土地增值税、城镇土地使用税、房产税、车船税、印花税和教育费附加、矿产资源补偿费、排污费等相关税费，计入"营业税金及附加"科目。房产税、车船使用税、土地使用税、印花税在"管理费用"科目核算。

（1）小企业按规定计算确定的与主要经营业务活动相关的税费。

> 借：营业税金及附加

>> 贷：应交税费

（2）月末，可将"营业税金及附加"科目余额转入"本年利润"科目，结转后该科目无余额。

> 借：本年利润

>> 贷：营业税金及附加

7.3.3 期间费用的核算

期间费用是指不能直接归属于某个特定产品成本的费用。期间费用包括销售费用、管理费用和财务费用。

1. 销售费用

销售费用是指小企业在销售商品或提供劳务过程中发生的各种费用。包括销售人员的职工薪酬、商品维修费、运输费、装卸费、包装费、保险费、广告费、业务宣传费、展览费等费用。小企业（批发业、零售业）在购买商品过程中发生的费用（包括运输费、装卸费、包装费、保险费、运输途中的合理损耗和入库前的挑选整理费等）也构成销售费用。

（1）小企业在销售商品过程中发生销售费用时。

> 借：销售费用

>> 贷：库存现金、银行存款等

（2）月末，可将"销售费用"科目余额转入"本年利润"科目，结转后该科目无余额。

2. 管理费用

管理费用是指小企业为组织和管理生产经营发生的其他费用，包括小企业在筹建期间内发生的开办费、行政管理部门发生的费用（包括固定资产折旧费、修理费、办公费、水电费、差旅费、管理人员的职工薪酬等）、业务招待费、研究费用、技术转让费、相关长期待摊费用摊销、财产保险费、聘请中介机构费、咨询费（含顾问费）、诉讼费等费用。

（1）小企业在筹建期间内发生的开办费（包括相关人员的职工薪酬、办公费、培训费、差旅费、印刷费、注册登记费以及不计入固定资产成本的借款费用等费用），在实际发生时，借记"管理费用"科目，贷记"银行存款"等科目。

（2）行政管理部门人员的职工薪酬，借记"管理费用"科目，贷记"应付职工薪酬"科目。

（3）行政管理部门计提的固定资产折旧费和发生的修理费，借记"管理费用"科目，贷记"累计折旧"、"银行存款"等科目。

（4）行政管理部门发生的办公费、水电费、差旅费，借记"管理费用"科目，贷记"银行存款"等科目。

（5）小企业发生的业务招待费、相关长期待摊费用摊销、技术转让费、财产保险费、聘请中介机构费、咨询费（含顾问费）、诉讼费等，借记"管理费用"科目，贷记"银行存款"、"长期待摊费用"等科目。

（6）小企业自行研究无形资产发生的研究费用，借记"管理费用"科目，贷记"研发支出"科目。

（7）月末，可将"管理费用"科目的余额转入"本年利润"科目，结转后本科目应无余额。

小企业（批发业、零售业）管理费用不多的，可不设置本科目，"管理费用"科目的核算内容可并入"销售费用"科目核算。

3. 财务费用

财务费用是小企业为筹集生产经营所需资金发生的筹资费用。包括利息费用（减利息收入）、汇兑损失、银行相关手续费、小企业给予的现金折扣（减享受的现金折扣）等费用。

小企业为购建固定资产、无形资产和经过一年期以上的制造才能达到预定可销售状态的存货发生的借款费用，在"在建工程"、"研发支出"、"制造费用"等科目核算，不在财务费用中核算。

小企业发生的汇兑收益，在"营业外收入"科目核算，不在财务费用中核算。

（1）小企业发生的利息费用、汇兑损失、银行相关手续费、给予的现金折扣等。

借：财务费用

    贷：应付利息、银行存款等

（2）持未到期的商业汇票向银行贴现。

借：银行存款（实际收到的金额）

    财务费用（贴现息）

    贷：应收票据（银行无追索权情况下）

       短期借款（银行有追索权情况下）

（3）发生的应冲减财务费用的利息收入、享受的现金折扣等。

借：银行存款

    贷：财务费用

（4）月末，可将本科目余额转入"本年利润"科目，结转后本科目应无余额。

延伸阅读

与《企业会计准则》的区别

（1）费用核算的范围不同。《小企业会计准则》规定汇兑收益计入营业外收入，《企业会计准则》则规定计入财务费用。

（2）利息支出或利息收入计算标准不同。《小企业会计准则》下通过票面金额和票面利率核算；《企业会计准则》下通过实际利率和摊余成本核算。

（3）借款费用资本化的条件和范围不同。《企业会计准则》规定借款费用资本化应区分一般借款和专门借款，《小企业会计准则》没做专门规定。

关于费用的处理，《小企业会计准则》与《企业会计准则》的规定除上述区别外，《小企业会计准则》没有设置"公允价值变动损益"、"资产减值损失"科目。

第 *9* 章
利润及利润分配

9.1 利润的概念及其构成

利润，是指小企业在一定会计期间的经营成果，包括营业利润、利润总额和净利润。

营业利润，是指营业收入减去营业成本、营业税金及附加、销售费用、管理费用、财务费用，加上投资收益（或减去投资损失）后的金额。

营业收入，是指小企业销售商品和提供劳务实现的收入总额。

投资收益由小企业股权投资取得的现金股利（或利润）、债券投资取得的利息收入和处置股权投资和债券投资取得的处置价款扣除成本或账面余额及相关税费后的净额三部分构成。

利润总额，是指营业利润加上营业外收入，减去营业外支出后的金额。

净利润，是指利润总额减去所得税费用后的金额。

关于营业利润的相关项目的核算，以前各章已做了讲述。下面讲述营业外收入、营业外支出、所得税费用以及本年利润和利润分配相关的核算。

9.2 营业外收入

营业外收入，是指小企业非日常生产经营活动形成的、应当计入当期损益、会导致所有者权益增加、与所有者投入资本无关的经济利益的净流入。小企业的营业外收入包括：非流动资产处置净收益、政府补助、捐赠收益、盘盈收益、汇兑收益、出租包装物和商品的租金收入、逾期未退包装物押金收益、确实无法偿付的应付款项、已作坏账损失处理后又收回的应收款项、违约金收益等。通常，小企业的营业外收入应当在实现时按照其实现金额计入当期损益。

会计上有一个重要概念叫利得。利得是指由企业非日常活动所形成的、会导致所有者权益增加的、与所有者投入资本无关的经济利益的流入。利得有可能计入所有者权益，也有可能计入当期损益。计入当期损益的利得计入营业外收入。

（1）小企业确认非流动资产处置净收益。

参见固定资产、无形资产相关章节。

（2）确认的捐赠收益。

借：银行存款、固定资产等

　　贷：营业外收入

（3）确认的盘盈收益。

借：待处理财产损溢——待处理流动资产损溢、待处理非流动资产损溢

　　贷：营业外收入

（4）确认的汇兑收益。

借：相关科目

　　贷：营业外收入

（5）确认的出租包装物和商品的租金收入、逾期未退包装物押金收益、确实无法偿付的应付款项、违约金收益等。

借：其他应收款、应付账款、其他应付款

　　贷：营业外收入

（6）确认的已作坏账损失处理后又收回的应收款项。

借：银行存款等

　　贷：营业外收入

（7）月末，可将"营业外收入"科目余额转入"本年利润"科目，结转后该科目应无余额。

延伸阅读

与《企业会计准则》的区别

盘盈收益的处理不完全相同：

（1）存货盘盈的处理不同。《小企业会计准则》规定计入营业外收入；《企业会计准则》规定冲减管理费用。

（2）固定资产盘盈的处理不同。《小企业会计准则》规定计入营业外收入；《企业会计准则》规定作为前期差错处理，通过"以前年度损益调整"核算，最终转入年初留存收益。

9.3   政府补助收入

政府补助是指小企业从政府无偿取得货币性资产或非货币性资产，但不包括政府作为企业所有者投入的资本。政府补助具有无偿性和直接取得资产的特征。

政府补助的形式主要有财政拨款、财政贴息、税收返还和无偿划拨非货币性资产等，但增值税出口退税不属于政府补助。

9.3.1   政府补助的确认

政府补助同时满足下列条件的，计入营业外收入：

（1）小企业能够满足政府补助所附条件；

（2）小企业能够收到政府补助。

上述条件未满足前收到的政府补助，应当确认为递延收益。

9.3.2   政府补助的计量

（1）政府补助为货币性资产的，应当按照收到或应收的金额计量。

（2）政府补助为非货币性资产的，政府提供了有关凭据的，应当按照凭据上标明的金额计量；政府没有提供有关凭据的，应当按照同类或类似资产的市场价格或评估价值计量。

9.3.3   政府补助的会计核算

小企业收到与资产相关的政府补助，应当确认为递延收益，并在相关资产的使用寿命内平均分配，计入营业外收入。

【例9-1】2013年1月5日，政府拨付A企业450万元财政拨款（同日到账），要求用于购买大型科研设备1台。2013年1月31，A企业购入大型设备

（假设不需安装），实际成本为 480 万元，其中 30 万元以自有资金支付，使用寿命 10 年，采用直线法计提折旧（假设无残值）。

（1）2013 年 1 月 5 日实际收到财政拨款，确认政府补助

借：银行存款 4 500 000

　　贷：递延收益 4 500 000

（2）2013 年 1 月 31 日购入设备

借：固定资产 4 800 000

　　贷：银行存款 4 800 000

（3）自 2013 年 2 月起每个资产负债表日，计提折旧，同时分摊递延收益

①计提折旧

借：研发支出 40 000

　　贷：累计折旧 40 000

②分摊递延收益

借：递延收益 37 500

　　贷：营业外收入 37 500

收到的其他政府补助，用于补偿本企业以后期间的相关费用或亏损的，确认为递延收益，并在确认相关费用或发生亏损的期间，计入营业外收入；用于补偿本企业已发生的相关费用或亏损的，直接计入营业外收入。

【例 9-2】2013 年 3 月，丁粮食企业为购买储备粮从国家农业发展银行贷款 2000 万元，同期银行贷款利率为 6%。自 2013 年 4 月开始，财政部门于每季度初，按照丁企业的实际贷款额和贷款利率拨付丁企业贷款利息，丁企业收到财政部门拨付的利息后再支付给银行。

（1）2013 年 4 月，实际收到财政贴息 30 万元时

借：银行存款 300 000

　　贷：递延收益 300 000

（2）将补偿 2013 年 4 月份利息费用的补贴计入当期收益

借：递延收益 100 000

　　贷：营业外收入 100 000

2013 年 5 月和 6 月的分录同上。

【例 9-3】如上例，假如财政部门于每季度末按照丁企业的实际贷款额和贷

款利率拨付丁企业上季度贷款利息，则丁企业的会计处理为：

借：银行存款　　　　　　　　　　　　　　　　　　300 000

　　贷：营业外收入　　　　　　　　　　　　　　　　300 000

小企业按照规定实行企业所得税、增值税（不含出口退税）、消费税、营业税等先征后返的，应当在实际收到返还的企业所得税、增值税、消费税、营业税等时，计入营业外收入。

【例9－4】丙企业生产一种先进的模具产品，按照国家相关规定，该企业的这种产品适用增值税先征后返政策，即先按规定征收增值税，然后按实际缴纳增值税额返还70%。2013年1月，该企业实际缴纳增值税额120万元。2013年2月，该企业实际收到返还的增值税额84万元。2013年2月，丙企业实际收到返还的增值税额时

借：银行存款　　　　　　　　　　　　　　　　　　840 000

　　贷：营业外收入　　　　　　　　　　　　　　　　840 000

小企业收到出口产品或商品按照规定退回的增值税款，计入其他应收款，不包括在营业外收入中。

9.4　营业外支出

营业外支出，是指小企业非日常生产经营活动发生的、应当计入当期损益、会导致所有者权益减少、与向所有者分配利润无关的经济利益的净流出。小企业的营业外支出包括：存货的盘亏、毁损、报废损失，非流动资产处置净损失，坏账损失，无法收回的长期债券投资损失，无法收回的长期股权投资损失，自然灾害等不可抗力因素造成的损失，税收滞纳金、罚金、罚款，被没收财物的损失，捐赠支出，赞助支出等。通常，小企业的营业外支出应当在发生时按照其发生额计入当期损益。

与利得相对应的一个概念叫损失。损失是指由企业非日常活动所发生的、会导致所有者权益减少的、与向所有者分配利润无关的经济利益的流出。损失有可能计入所有者权益，也有可能计入当期损益。计入当期损益的损失计入营业外支出。

（1）小企业确认存货的盘亏、毁损、报废损失，非流动资产处置净损失，自

然灾害等不可抗力因素造成的损失。

借：营业外支出

生产性生物资产累计折旧

累计摊销等

贷：处理财产损溢——待处理流动资产损溢、待处理非流动资产损溢

固定资产清理

生产性生物资产

无形资产等

（2）根据《小企业会计准则》规定确认实际发生的坏账损失、长期债券投资损失。

借：银行存款等（可收回的金额）

营业外支出

贷：应收账款、预付账款、其他应收款、长期债券投资等

（3）根据《小企业会计准则》规定确认实际发生的长期股权投资损失。

借：银行存款等（可收回的金额）

营业外支出

贷：长期股权投资

（4）支付的税收滞纳金、罚金、罚款。

借：营业外支出

贷：银行存款

（5）确认被没收财物的损失、捐赠支出、赞助支出。

借：营业外支出

贷：银行存款

（6）月末，可将"营业外支出"余额转入"本年利润"科目，结转后本科目应无余额。

9.5 所得税费用

小企业应当按照税法规定计算的当期应缴纳给税务机关的所得税金额，确认所得税费用。小企业应当在利润总额的基础上，按照税法规定进行适当纳税调整，计算出当期应纳税所得额，按照应纳税所得额与适用所得税税率计算确定当期应

交所得税金额。

【例 9 - 5】甲公司 2013 年度按《小企业会计准则》计算的利润总额为 2 000 000 元，所得税税率为 25%。在各项费用中，除营业外支出中有 100 000 元的税收滞纳金外，无其他纳税调整因素。

本例中，税收滞纳金根据《企业所得税法》的规定不允许税前扣除，则：

应纳税所得额 = 2 000 000 + 100 000 = 2 100 000 元

应交所得税额 = 2 100 000 × 25% = 525 000 元

会计分录如下。

借：所得税费用   525 000

　　贷：应交税费——应交所得税   525 000

计算应交所得税时所进行的各项纳税调整，应参照《企业所得税法》及相关法规进行。

延伸阅读

与《企业会计准则》的区别

《小企业会计准则》对所得税费用的核算采用应付税款法，不考虑递延所得税资产和递延所得税负债；《企业会计准则》则规定采用资产负债表债务法，其核心会计分录如下。

借：所得税费用

　　递延所得税资产

　　贷：应交税费——应交所得税

　　　　递延所得税负债

9.6　本年利润的核算

小企业在进行账务处理时，应当设置"本年利润"科目核算小企业实现的净利润（或发生的净损失）。该科目贷方反映小企业本期发生的各项收入和利得，借方反映小企业本期所发生与上述收入、利得相配比的各项费用和损失。借贷相抵后的余额如果在贷方，表示盈利；如果在借方，则表示亏损。

（1）期（月）末结转利润时，小企业的会计分录如下。

借：主营业务收入

其他业务收入

营业外收入

投资收益

贷：本年利润

借：本年利润

贷：主营业务成本

其他业务成本

营业税金及附加

投资收益

销售费用

管理费用

财务费用

营业外支出

所得税费用

结转后"本年利润"科目的贷方余额为当期实现的净利润；借方余额为当期发生的净亏损。

（2）年度终了，应当将本年收入和支出相抵后结出的本年实现的净利润，转入"利润分配"科目。

借：本年利润

贷：利润分配——未分配利润

如为净亏损，做相反的会计分录。

【例9－6】某企业2013年12月1日"本年利润"科目有贷方余额303 000元，12月末，各损益类科目余额如表9－1所示。

表9－1 各损益科目余额 单位：万元

会计科目	借方余额	贷方余额
主营业务收入		320
主营业务成本	110	
主营业务税金及附加	13.5	
其他业务收入		8

会计科目	借方余额	贷方余额
其他业务成本	4.5	
管理费用	33.6	
财务费用	14.1	
投资收益		15
营业外收入		16
营业外支出	8	
所得税费用	54.8	

根据上述业务编制如下会计分录。

①月末，将各收益类科目的余额转入"本年利润"科目贷方

借：主营业务收入	3 200 000
其他业务收入	80 000
投资收益	150 000
营业外收入	160 000
贷：本年利润	3 590 000

②将各费用类科目余额转入"本年利润"科目借方

借：本年利润	2 385 000
贷：主营业务成本	1 100 000
主营业务税金及附加	135 000
其他业务成本	45 000
管理费用	336 000
财务费用	141 000
营业外支出	80 000
所得税	548 000

9.7　利润分配的核算

小企业通过"利润分配"科目反映利润的分配（或亏损的弥补）和历年分配（或弥补）后的余额。该科目通过"提取法定盈余公积"、"提取任意盈余公积"

"应付利润"、"盈余公积补亏"、"未分配利润"等进行明细核算。

1. 年度终了，小企业应当将本年实现的净利润，自"本年利润"科目转入"利润分配——未分配利润"科目

【例 9 – 7】某企业年末结转"本年利润"科目的贷方余额 1 508 000 元。会计分录如下。

借：本年利润   1 508 000

  贷：利润分配——未分配利润   1 508 000

2. 利润分配

假定年初未分配利润为 0。该企业按利润的 10% 提取法定盈余公积，按 5% 提取任意盈余公积，分配现金股利 800 000 元，则会计处理如下。

（1）提取盈余公积。

法定盈余公积 = 1 508 000 × 10% = 150 800

任意盈余公积 = 1 508 000 × 5% = 75 400

借：利润分配——提取法定盈余公积   150 800

          ——提取任意盈余公积   75 400

  贷：盈余公积——法定盈余公积   150 800

          ——任意盈余公积   75 400

（2）分配现金股利。

借：利润分配——应付利润   800 000

  贷：应付利润   800 000

3. 结转未分配利润

将"利润分配"所属其他明细科目转入"未分配利润"明细科目。

借：利润分配——未分配利润   1 026 200

  贷：利润分配——提取法定盈余公积   150 800

          ——提取任意盈余公积   75 400

          ——应付利润   800 000

结转后，"利润分配——未分配利润"科目为贷方余额 481 800 元，表示企业累积未分配的利润总额。

4. 用盈余公积弥补亏损

借：盈余公积

贷：利润分配——盈余公积补亏

小企业（中外合作经营）根据合同规定在合作期间归还投资者的投资，应按照实际归还投资的金额，借记"实收资本——已归还投资"科目，贷记"银行存款"等科目；同时，借"利润分配——利润归还投资"，贷记"盈余公积——利润归还投资"科目。

第 *10* 章
外币业务会计

小企业的外币业务会计涉及外币交易会计和外币报表折算两个主要问题。

10.1　基本概念

10.1.1　外币

外币通常是指外国货币，也指本国货币以外的其他国家或地区的货币。它常用于企业因贸易、投资等经济活动引起的对外结算业务。

会计上的"外币"是"记账本位币"的相对概念，即企业持有记账本位币以外的其他货币都称为外币。

10.1.2　外汇

外汇可以从动态和静态两方面理解。动态的外汇是"国际汇兑"的简称，是把一个国家的货币兑换成另外一个国家的货币，借以清偿国际债权债务关系的一种专门性的经营活动或行为。静态的外汇是指一种以外币表示的支付手段，用于国际间的结算。

我国《外汇管理暂行条例》规定，外汇包括：外国货币，包括纸币、铸币等；外币有价证券，包括政府公债、国库券、公司债券、股票、息票等；外汇收支凭证，包括票据、银行存款凭证、邮政储蓄等；其他外汇资金，如国际特别提款权等。

10.1.3　外币兑换

外币兑换是指将外币换成本国货币，或将本国货币换成外币，或将不同外币进行的互换。

10.1.4　外币折算

外币折算是指将不同的外币金额换算成同一的本国货币（或特定的外币）等值的程序，它是会计上对原有外币金额的重新表述。

10.1.5　记账本位币

记账本位币是指企业经营所处的主要经济环境的货币。

我国新《会计法》第十二条规定：会计核算以人民币作为记账本位币。业务收支以人民币以外的货币为主的单位，可以选定其中一种货币作为记账本位币，但是编报的财务会计报告应当折算为人民币。企业记账本位币一经确定，不得随意变更，除非企业经营所处的主要经济环境发生重大变化。

企业因经营所处的主要经济环境发生重大变化，确需变更记账本位币的，应当采用变更当日的即期汇率将所有项目折算为变更后的记账本位币。

10.1.6　列报货币

列报货币，指公司报表上列示的货币。我国企业的列报货币必须是人民币。

10.1.7　即期汇率

即期汇率是中国人民银行公布的当日人民币外汇牌价的中间价，即买入价及卖出价的平均价。

10.1.8　当期平均汇率

当期平均汇率也称即期汇率的近似汇率，通常是指当期平均汇率或加权平均汇率等。例如，以美元兑人民币的周平均汇率为例，假定美元兑人民币每天的即期汇率为：周一7.8，周二7.9，周三8.1，周四8.2，周五8.15。周平均汇率为 $(7.8+7.9+8.1+8.2+8.15) \div 5 = 8.03$，这就是当期平均汇率。

10.2　外币交易会计

外币交易，是指小企业以外币计价或者结算的交易。小企业的外币交易包括：买入或者卖出以外币计价的商品或者劳务、借入或者借出外币资金和其他以外币计价或者结算的交易。

10.2.1　外币交易的初始确认

外币交易在初始确认时，采用交易发生日的即期汇率将外币金额折算为记账本位币金额；也可以采用交易当期平均汇率折算。

1. 卖出以外币计价的商品

【例10-1】2013年12月15日，我国A企业以赊销方式向美国B企业销售商品一批，计价＄10 000（不考虑增值税），当天的即期汇率为＄1=￥6.32。A企业的会计处理：

借：应收账款　　　　　　　　　　　　　　　　　　　　　　63 200
　　贷：主营业务收入　　　　　　　　　　　　　　　　　　　63 200

2. 买入以外币计价的资产

【例10-2】2013年1月10日，A企业从美国B企业购入一台不需要安装的设备，价款＄100 000，当日的即期汇率为＄1=￥6.30，款未付。A公司的账务处理为：

借：固定资产　　　　　　　　　　　　　　　　　　　　　630 000
　　贷：应付账款——美元户　　　　　　　　　　　　　　　630 000

3. 外币借款业务

【例10-3】国内某企业选定的记账本位币是人民币。2013年7月18日从中国工商银行借入欧元12 000元，期限为6个月，年利率为6%，当日的即期汇率为1欧元=10元人民币。假定借入的欧元暂存银行，相关会计分录如下：

借：银行存款——欧元　　　　　　　　　　　　　　　　120 000
　　贷：短期借款——欧元　　　　　　　　　　　　　　　120 000

4. 企业买入外汇（银行卖出外汇）

【例10-4】A企业以人民币为记账本位币，以外币交易发生日的即期汇率为记账汇率。某日偿还一笔＄200 000 的长期借款而向银行购入外汇，当天该银行的美元卖出价＄1 = ￥6.30，中间价＄1 = ￥6.20。A 企业的会计分录为：

借：银行存款——美元户 （＄200 000×6.2）1 240 000

财务费用——汇兑损益 20 000

贷：银行存款——人民币户 （＄200 000×6.3）1 260 000

5. 企业卖出外汇（银行买入外汇）

【例10 –5】A 企业以人民币为记账本位币，以外币交易发生日的即期汇率为记账汇率。某日 A 将＄50 000 卖给银行，银行当天买入价＄1 = ￥6.20，卖出价＄1 = ￥6.30，中间价＄1 = ￥6.25。A 企业的会计分录为：

借：银行存款——人民币户 （＄50 000×6.20）310 000

财务费用——汇兑损益 2250

贷：银行存款——美元户 （＄50 000×6.25）312 250

6. 接受外币投资

小企业收到投资者以外币投入的资本，应当采用交易发生日即期汇率折算，不得采用合同约定汇率和交易当期平均汇率折算。

【例10 –6】M 贸易公司与外商签订的投资合同中规定：外商分两次向 M 公司投入外币资本，在合同中折算汇率为＄1 = ￥6.30。M 公司 2013 年 12 月 10 日收到外商投入资本＄500 000，当日的即期汇率为＄1 = ￥6.20；2013 年 12 月 15 日收到第二次投资＄600 000，当日的即期汇率为＄1 = ￥6.40。M 公司的会计处理如下。

①2013 年 12 月 10 日

借：银行存款——美元户 （＄500 000×6.20）3 100 000

贷：实收资本——外商资本 3 100 000

②2013 年 12 月 15 日

借：银行存款——美元户 （＄600 000×6.40）3 840 000

贷：实收资本——外商资本 3 840 000

10.2.2 资产负债表日外币项目的会计处理

首先，应将外币项目分为外币货币性项目和外币非货币性项目。

1. 资产负债表日外币货币性项目的会计处理

货币性项目，是指小企业持有的货币资金和将以固定或可确定的金额收取的资产或者偿付的负债。货币性项目分为货币性资产和货币性负债。货币性资产包括：库存现金、银行存款、应收账款、其他应收款等。货币性负债包括：短期借款、应付账款、其他应付款、长期借款、长期应付款等。

外币货币性项目采用资产负债表日的即期汇率折算。因资产负债表日即期汇率与初始确认时或者前一资产负债表日即期汇率不同而产生的汇兑差额，计入当期损益。

【例10-7】如【例10-1】12月31日的即期汇率为＄1＝￥6.30。2013年12月31日，应按结账日的汇率确认未结算的汇兑损益。

借：财务费用——汇兑损益   200
　　贷：应收账款   200

2. 资产负债表日外币非货币性项目的会计处理

非货币性项目，是指货币性项目以外的项目，包括：存货、长期股权投资、固定资产、无形资产等。以历史成本计量的外币非货币性项目，仍采用交易发生日的即期汇率折算，不改变其记账本位币金额。

【例10-8】如【例10-2】，2013年12月31日汇率变动，固定资产属于非货币性资产，故不需调整账面价值。

延伸阅读

与《企业会计准则》的区别

《企业会计准则》规定，资产负债表日对外币非货币性项目的会计处理分历史成本计量、成本与可变现净值孰低计量、公允价值计量，分别采用不同的会计处理；《小企业会计准则》只规定了一种计量属性，因此没有对后两种情况做出规定。

10.3　外币报表折算

外币报表折算，是指为了特定目的，将以外币表示的财务报表折算为以记账本位币或规定的货币表示的财务报表的过程。实际上，这是财务报表的外币金额的重新表述问题，并不涉及不同货币之间的实际兑换。

小企业对外币财务报表进行折算时，应当采用资产负债表日的即期汇率对外币资产负债表、利润表和现金流量表的所有项目进行折算。这样，外币报表折算就是一个非常简单的问题，就是报表项目外币金额乘以汇率。

延伸阅读

与《企业会计准则》的区别

外币报表折算有现行汇率法、流动与非流动项目法、货币与非货币项目法、时态法等，《企业会计准则》规定：

(1) 资产负债表中的资产和负债项目，采用资产负债表日的即期汇率折算。

(2) 所有者权益项目除"未分配利润"项目外，其他项目采用发生时的即期汇率折算。

(3) "未分配利润"项目以折算后利润分配表中该项目的金额直接填列。

(4) 折算后资产类账户与负债类账户和所有者权益类账户合计数的差额，作为外币会计报表折算差额，在"未分配利润"项目下单列项目反映。

(5) 利润表中的收入和费用项目，可采用交易发生日的即期汇率折算，也可以采用按照系统合理的方法确定的、与交易发生日即期汇率近似的汇率折算。

(6) 产生的外币财务报表折算差额，在编制合并财务报表时，应在合并资产负债表中所有者权益项目下单独作为"外币报表折算差额"项目列；属于少数股东权益的部分，计入"少数股东权益"。处置境外经营时，计入处置当期损益。

《小企业会计准则》规定小企业对外币财务报表进行折算时，应当采用资产负债表日的即期汇率对外币资产负债表、利润表和现金流量表的所有项目进行折算。采用了较为简单的处理方法。

第11章
财务报表与分析

小企业的财务报表是对小企业财务状况、经营成果和现金流量的结构性表述，至少包括资产负债表、利润表、现金流量表和附注。报表格式如表11-1所示。

表11-1   财务报表格式

编　号	报表名称	编报期
会小企01表	资产负债表	月报、年报
会小企02表	利润表	月报、年报
会小企03表	现金流量表	月报、年报

11.1 资产负债表

资产负债表，是指反映小企业在某一特定日期的财务状况的报表。

资产负债表中的资产类至少应当单独列示反映下列信息的项目：货币资金；应收及预付款项；存货；长期债券投资；长期股权投资；固定资产；生产性生物资产；无形资产；长期待摊费用。

资产负债表中的负债类至少应当单独列示反映下列信息的项目：短期借款；应付及预收款项；应付职工薪酬；应交税费；应付利息；长期借款；长期应付款。

资产负债表中的所有者权益类至少应当单独列示反映下列信息的项目：实收资本；资本公积；盈余公积；未分配利润。

资产负债表中的资产类应当包括流动资产和非流动资产的合计项目；负债类应当包括流动负债、非流动负债和负债的合计项目；所有者权益类应当包括所有者权益的合计项目。资产负债表应当列示资产总计项目、负债和所有者权益总计项目。

表 11 - 2 为《小企业会计准则》所规定的资产负债表格式。

表 11 - 2   资产负债表   会小企 01 表

编制单位：   _____年____月____日   单位：元

资产	行次	期末余额	年初余额	负债和所有者权益	行次	期末余额	年初余额
流动资产：				**流动负债：**			
货币资金	1			短期借款	31		
短期投资	2			应付票据	32		
应收票据	3			应付账款	33		
应收账款	4			预收账款	34		
预付账款	5			应付职工薪酬	35		
应收股利	6			应交税费	36		
应收利息	7			应付利息	37		
其他应收款	8			应付利润	38		
存货	9			其他应付款	39		
其中：原材料	10			其他流动负债	40		
在产品	11			流动负债合计	41		
库存商品	12			**非流动负债：**			
周转材料	13			长期借款	42		
其他流动资产	14			长期应付款	43		
流动资产合计	15			递延收益	44		
非流动资产：				其他非流动负债	45		
长期债券投资	16			非流动负债合计	46		
长期股权投资	17			负债合计	47		
固定资产原价	18						
减：累计折旧	19						
固定资产账面价值	20						
在建工程	21						
工程物资	22						
固定资产清理	23			**所有者权益（或股东权益）：**			

资产	行次	期末余额	年初余额	负债和所有者权益	行次	期末余额	年初余额
生产性生物资产	24						
无形资产	25			实收资本（或股本）	48		
开发支出	26			资本公积	49		
长期待摊费用	27			盈余公积	50		
其他非流动资产	28			未分配利润	51		
非流动资产合计	29			所有者权益（或股东权益）合计	52		
资产总计	30			所有者权益（或股东权益）合计	53		

注：小企业（中外合作经营）根据合同规定在合作期间归还投资者的投资，应在"实收资本（或股本）"项目下增加"减：已归还投资"项目单独列示。

本表反映小企业某一特定日期全部资产、负债和所有者权益的情况。

本表"年初余额"栏内各项数字，应根据上年末资产负债表"期末余额"栏内所列数字填列。

本表"期末余额"各项目的内容和填列如下。

（1）"货币资金"项目，反映小企业库存现金、银行存款、其他货币资金的合计数。本项目应根据"库存现金"、"银行存款"和"其他货币资金"科目的期末余额合计填列。

（2）"短期投资"项目，反映小企业购入的能随时变现并且持有时间不准备超过一年的股票、债券和基金投资的余额。本项目应根据"短期投资"科目的期末余额填列。

（3）"应收票据"项目，反映小企业收到的未到期收款也未向银行贴现的应收票据（银行承兑汇票和商业承兑汇票）。本项目应根据"应收票据"科目的期末余额填列。

（4）"应收账款"项目，反映小企业因销售商品、提供劳务等日常生产经营活动应收取的款项。本项目应根据"应收账款"的期末余额分析填列。如"应收账款"科目期末为贷方余额，应当在"预收账款"项目列示。

（5）"预付账款"项目，反映小企业按照合同规定预付的款项，包括：根据合同规定预付的购货款、租金、工程款等。本项目应根据"预付账款"科目的期末借方余额填列;如"预付账款"科目期末为贷方余额,应当在"应付账款"项目列示。

属于超过一年期以上的预付账款的借方余额应当在"其他非流动资产"项目列示。

(6)"应收股利"项目,反映小企业应收取的现金股利或利润。本项目应根据"应收股利"科目的期末余额填列。

(7)"应收利息"项目,反映小企业债券投资应收取的利息。小企业购入一次还本付息债券应收的利息,不包括在本项目内。本项目应根据"应收利息"科目的期末余额填列。

(8)"其他应收款"项目,反映小企业除应收票据、应收账款、预付账款、应收股利、应收利息等以外的其他各种应收及暂付款项。包括:各种应收的赔款、应向职工收取的各种垫付款项等。本项目应根据"其他应收款"科目的期末余额填列。

(9)"存货"项目,反映小企业期末在库、在途和在加工中的各项存货的成本,包括:各种原材料、在产品、半成品、产成品、商品、周转材料(包装物、低值易耗品等)、消耗性生物资产等。本项目应根据"材料采购"、"在途物资"、"原材料"、"材料成本差异"、"生产成本"、"库存商品"、"商品进销差价"、"委托加工物资"、"周转材料"、"消耗性生物资产"等科目的期末余额分析填列。

(10)"其他流动资产"项目,反映小企业除以上流动资产项目外的其他流动资产(含一年内到期的非流动资产)。本项目应根据有关科目的期末余额分析填列。

(11)"长期债券投资"项目,反映小企业准备长期持有的债券投资的本息。本项目应根据"长期债券投资"科目的期末余额分析填列。

(12)"长期股权投资"项目,反映小企业准备长期持有的权益性投资的成本。本项目应根据"长期股权投资"科目的期末余额填列。

(13)"固定资产原价"和"累计折旧"项目,反映小企业固定资产的原价(成本)及累计折旧。这两个项目应根据"固定资产"科目和"累计折旧"科目的期末余额填列。

(14)"固定资产账面价值"项目,反映小企业固定资产原价扣除累计折旧后的余额。本项目应根据"固定资产"科目的期末余额减去"累计折旧"科目的期末余额后的金额填列。

（15）"在建工程"项目，反映小企业尚未完工或虽已完工，但尚未办理竣工决算的工程成本。本项目应根据"在建工程"科目的期末余额填列。

（16）"工程物资"项目，反映小企业为在建工程准备的各种物资的成本。本项目应根据"工程物资"科目的期末余额填列。

（17）"固定资产清理"项目，反映小企业因出售、报废、毁损、对外投资等原因处置固定资产所转出的固定资产账面价值以及在清理过程中发生的费用等。本项目应根据"固定资产清理"科目的期末借方余额填列；如"固定资产清理"科目期末为贷方余额，以"－"号填列。

（18）"生产性生物资产"项目，反映小企业生产性生物资产的账面价值。本项目应根据"生产性生物资产"科目的期末余额减去"生产性生物资产累计折旧"科目的期末余额后的金额填列。

（19）"无形资产"项目，反映小企业无形资产的账面价值。本项目应根据"无形资产"科目的期末余额减去"累计摊销"科目的期末余额后的金额填列。

（20）"开发支出"项目，反映小企业正在进行的无形资产研究开发项目满足资本化条件的支出。本项目应根据"研发支出"科目的期末余额填列。

（21）"长期待摊费用"项目，反映小企业尚未摊销完毕的已提足折旧的固定资产的改建支出、经营租入固定资产的改建支出、固定资产的大修理支出和其他长期待摊费用。本项目应根据"长期待摊费用"科目的期末余额分析填列。

（22）"其他非流动资产"项目，反映小企业除以上非流动资产以外的其他非流动资产。本项目应根据有关科目的期末余额分析填列。

（23）"短期借款"项目，反映小企业向银行或其他金融机构等借入的期限在一年内的、尚未偿还的各种借款本金。本项目应根据"短期借款"科目的期末余额填列。

（24）"应付票据"项目，反映小企业因购买材料、商品和接受劳务等日常生产经营活动开出、承兑的商业汇票（银行承兑汇票和商业承兑汇票）尚未到期的票面金额。本项目应根据"应付票据"科目的期末余额填列。

（25）"应付账款"项目，反映小企业因购买材料、商品和接受劳务等日常生产经营活动尚未支付的款项。本项目应根据"应付账款"科目的期末余额填列。

如"应付账款"科目期末为借方余额，应当在"预付账款"项目列示。

（26）"预收账款"项目，反映小企业根据合同规定预收的款项，包括：预收的购货款、工程款等。本项目应根据"预收账款"科目的期末贷方余额填列；如"预收账款"科目期末为借方余额，应当在"应收账款"项目列示。属于超过一年期以上的预收账款的贷方余额，应当在"其他非流动负债"项目列示。

（27）"应付职工薪酬"项目，反映小企业应付未付的职工薪酬。本项目应根据"应付职工薪酬"科目期末余额填列。

（28）"应交税费"项目，反映小企业期末未交、多交或尚未抵扣的各种税费。本项目应根据"应交税费"科目的期末贷方余额填列；如"应交税费"科目期末为借方余额，以"-"号填列。

（29）"应付利息"项目，反映小企业尚未支付的利息费用。本项目应根据"应付利息"科目的期末余额填列。

（30）"应付利润"项目，反映小企业尚未向投资者支付的利润。本项目应根据"应付利润"科目的期末余额填列。

（31）"其他应付款"项目，反映小企业除应付账款、预收账款、应付职工薪酬、应交税费、应付利息、应付利润等以外的其他各项应付、暂收的款项，包括：应付租入固定资产和包装物的租金、存入保证金等。本项目应根据"其他应付款"科目的期末余额填列。

（32）"其他流动负债"项目，反映小企业除以上流动负债以外的其他流动负债（含一年内到期的非流动负债）。本项目应根据有关科目的期末余额填列。

（33）"长期借款"项目，反映小企业向银行或其他金融机构借入的期限在一年以上的、尚未偿还的各项借款本金。本项目应根据"长期借款"科目的期末余额分析填列。

（34）"长期应付款"项目，反映小企业除长期借款以外的其他各种应付未付的长期应付款项，包括：应付融资租入固定资产的租赁费、以分期付款方式购入固定资产发生的应付款项等。本项目应根据"长期应付款"科目的期末余额分析填列。

（35）"递延收益"项目，反映小企业收到的、应在以后期间计入损益的政府补助。本项目应根据"递延收益"科目的期末余额分析填列。

（36）"其他非流动负债"项目，反映小企业除以上非流动负债项目以外的其他非流动负债。本项目应根据有关科目的期末余额分析填列。

（37）"实收资本（或股本）"项目，反映小企业收到投资者按照合同协议约定或相关规定投入的、构成小企业注册资本的部分。本项目应根据"实收资本（或股本）"科目的期末余额分析填列。

（38）"资本公积"项目，反映小企业收到投资者投入资本超出其在注册资本中所占份额的部分。本项目应根据"资本公积"科目的期末余额填列。

（39）"盈余公积"项目，反映反映小企业（公司制）的法定公积金和任意公积金，小企业（外商投资）的储备基金和企业发展基金。本项目应根据"盈余公积"科目的期末余额填列。

（40）"未分配利润"项目，反映小企业尚未分配的历年结存的利润。本项目应根据"利润分配"科目的期余额填列。未弥补的亏损，在本项目内以"－"号填列。

本表中各项目之间的勾稽关系为：

行 15 = 行 1 + 行 2 + 行 3 + 行 4 + 行 5 + 行 6 + 行 7 + 行 8 + 行 9 + 行 14

行 9 = 行 10 + 行 11 + 行 12 + 行 13

行 29 = 行 16 + 行 17 + 行 20 + 行 21 + 行 22 + 行 23 + 行 24 + 行 25 + 行 26 + 行 27 + 行 28

行 20 = 行 18 － 行 19

行 30 = 行 15 + 行 29

行 41 = 行 31 + 行 32 + 行 33 + 行 34 + 行 35 + 行 36 + 行 37 + 行 38 + 行 39 + 行 40

行 46 = 行 42 + 行 43 + 行 44 + 行 45

行 47 = 行 41 + 行 46

行 52 = 行 48 + 行 49 + 行 50 + 行 51

行 53 = 行 47 + 行 52 = 行 30

11.2 利润表

利润表，是指反映小企业在一定会计期间的经营成果的报表。费用应当按照功能分为营业成本、营业税金及附加、销售费用、管理费用和财务费用等。利润表至少应当单独列示反映下列信息的项目：营业收入、营业成本、营业税金及附加、销售费用、管理费用、财务费用、所得税费用、净利润。

表 11－3 为《小企业会计准则》所规定的利润表格式。

表 11－3   利润表   会小企 02 表

编制单位：   _____年___月   单位：元

项　目	行次	本期金额	上期金额
一、营业收入	1		
减：营业成本	2		
营业税金及附加	3		
其中：消费税	4		
营业税	5		
城市维护建设税	6		
资源税	7		
土地增值税	8		
城镇土地使用税、房产税、车船税、印花税	9		
教育费附加、矿产资源补偿费、排污费	10		
销售费用	11		
其中：商品维修费	12		
广告费和业务宣传费	13		
管理费用	14		
其中：开办费	15		
业务招待费	16		
研究费用	17		
财务费用	18		
其中：利息费用（收入以"－"号填列）	19		
加：投资收益（损失以"－"号填列）	20		
二、营业利润（亏损以"－"号填列）	21		
加：营业外收入	22		
其中：政府补助	23		
减：营业外支出	24		
其中：坏账损失	25		
无法收回的长期债券投资损失	26		

项　目	行次	本期金额	上期金额
无法收回的长期股权投资损失	27		
自然灾害等不可抗力因素造成的损失	28		
税收滞纳金	29		
三、利润总额（亏损总额以"－"号填列）	30		
减：所得税费用	31		
四、净利润（净亏损以"－"号填列）	32		

本表反映小企业在一定会计期间内利润（亏损）的实现情况。

本表"本年累计金额"栏反映各项目自年初起至报告期末止的累计实际发生额。

本表"本月金额"栏反映各项目的本月实际发生额；在编报年度财务报表时，应将"本月金额"栏改为"上年金额"栏，填列上年全年实际发生额。

本表各项目的内容及其填列如下。

（1）"营业收入"项目，反映小企业销售商品和提供劳务所实现的收入总额。本项目应根据"主营业务收入"科目和"其他业务收入"科目的发生额合计填列。

（2）"营业成本"项目，反映小企业所销售商品的成本和所提供劳务的成本。本项目应根据"主营业务成本"科目和"其他业务成本"科目的发生额合计填列。

（3）"营业税金及附加"项目，反映小企业开展日常生产活动应负担的消费税、营业税、城市维护建设税、资源税、土地增值税、城镇土地使用税、房产税、车船税、印花税和教育费附加、矿产资源补偿费、排污费等。本项目应根据"营业税金及附加"科目的发生额填列。

（4）"销售费用"项目，反映小企业销售商品或提供劳务过程中发生的费用。本项目应根据"销售费用"科目的发生额填列。

（5）"管理费用"项目，反映小企业为组织和管理生产经营发生的其他费用。本项目应根据"管理费用"科目的发生额填列。

（6）"财务费用"项目，反映小企业为筹集生产经营所需资金发生的筹资费用。本项目应根据"财务费用"科目的发生额填列。

（7）"投资收益"项目，反映小企业股权投资取得的现金股利（或利润）、债券投资取得的利息收入和处置股权投资和债券投资取得的处置价款扣除成本或账面余额、相关税费后的净额。本项目应根据"投资收益"科目的发生额填列；如为投资损失，以"－"号填列。

（8）"营业利润"项目，反映小企业当期开展日常生产经营活动实现的利润。本项目应根据营业收入扣除营业成本、营业税金及附加、销售费用、管理费用和财务费用，加上投资收益后的金额填列。如为亏损，以"－"号填列。

（9）"营业外收入"项目，反映小企业实现的各项营业外收入金额，包括：非流动资产处置净收益、政府补助、捐赠收益、盘盈收益、汇兑收益、出租包装物和商品的租金收入、逾期未退包装物押金收益、确实无法偿付的应付款项、已作坏账损失处理后又收回的应收款项、违约金收益等。本项目应根据"营业外收入"科目的发生额填列。

（10）"营业外支出"项目，反映小企业发生的各项营业外支出金额，包括：存货的盘亏、毁损、报废损失，非流动资产处置净损失，坏账损失，无法收回的长期债券投资损失，无法收回的长期股权投资损失，自然灾害等不可抗力因素造成的损失，税收滞纳金、罚金、罚款，被没收财物的损失，捐赠支出，赞助支出等。本项目应根据"营业外支出"科目的发生额填列。

（11）"利润总额"项目，反映小企业当期实现的利润总额。本项目应根据营业利润加上营业外收入减去营业外支出后的金额填列。如为亏损总额，以"－"号填列。

（12）"所得税费用"项目，反映小企业根据《企业所得税法》确定的应从当期利润总额中扣除的所得税费用。本项目应根据"所得税费用"科目的发生额填列。

（13）"净利润"项目，反映小企业当期实现的净利润。本项目应根据利润总额扣除所得税费用后的金额填列。如为净亏损，以"－"号填列。

本表中各项目之间的勾稽关系为：

行 21 = 行 1 － 行 2 － 行 3 － 行 11 － 行 14 － 行 18 ＋ 行 20

行 3 = 行 4 ＋ 行 5 ＋ 行 6 ＋ 行 7 ＋ 行 8 ＋ 行 9 ＋ 行 10

行 11 = 行 12 ＋ 行 13

行 14 = 行 15 ＋ 行 16 ＋ 行 17

行 18 = 行 19

行 30 = 行 21 ＋ 行 22 － 行 24

行 22 = 行 23

行 24 = 行 25 ＋ 行 26 ＋ 行 27 ＋ 行 28 ＋ 行 29

行 32 = 行 30 − 行 31

延伸阅读

与《企业会计准则》的区别

与《企业会计准则》相比，《小企业会计准则》的利润表有如下区别。

（1）没有包括公允价值变动损益、资产减值损失项目；

（2）营业税金及附加、销售费用、管理费用、财务费用、营业外收入、营业外支出均披露了一些明细项目；

（3）没有单独列示每股收益、综合收益等指标。

11.3 现金流量表

现金流量表，是指反映小企业在一定会计期间现金流入和流出情况的报表。现金流量表应当分经营活动、投资活动和筹资活动列报现金流量。现金流量应当分别按照现金流入和现金流出总额列报。

11.3.1 现金流量表的编制基础

现金流量表的编制基础为现金，是指小企业的库存现金以及可以随时用于支付的存款和其他货币资金，但不包括不能随时用于支付的存款。例如，不能随时支取的定期存款等不应作为现金，而提前通知金融机构便可支取的定期存款则应包括在现金范围内。

需要说明的是，《企业会计准则》规定现金流量表的编制基础为现金及现金等价物。现金等价物是指企业持有的期限短、流动性强、易于转换为已知金额现金、价值变动风险很小的投资。其中，"期限短"一般是指从购买日起 3 个月内到期，如可在证券市场上流通的 3 个月内到期的短期债券等。

11.3.2 现金流量的分类及列示

1. 经营活动

经营活动是指小企业投资活动和筹资活动以外的所有交易和事项。小企业经营活动产生的现金流量应当单独列示反映下列信息的项目：

（1）销售产成品、商品、提供劳务收到的现金；

（2）购买原材料、商品、接受劳务支付的现金；

（3）支付的职工薪酬；

（4）支付的税费。

2. 投资活动

投资活动是指小企业固定资产、无形资产、其他非流动资产的购建和短期投资、长期债券投资、长期股权投资及其处置活动。小企业投资活动产生的现金流量应当单独列示反映下列信息的项目：

（1）收回短期投资、长期债券投资和长期股权投资收到的现金；

（2）取得投资收益收到的现金；

（3）处置固定资产、无形资产和其他非流动资产收回的现金净额；

（4）短期投资、长期债券投资和长期股权投资支付的现金；

（5）购建固定资产、无形资产和其他非流动资产支付的现金。

3. 筹资活动

筹资活动是指导致小企业资本及债务规模和构成发生变化的活动。小企业筹资活动产生的现金流量应当单独列示反映下列信息的项目：

（1）取得借款收到的现金；

（2）吸收投资者投资收到的现金；

（3）偿还借款本金支付的现金；

（4）偿还借款利息支付的现金；

（5）分配利润支付的现金。

《小企业会计准则》规定的现金流量表格式如表 11 - 4。

表 11 - 4   现金流量表   会小企 03 表

编制单位：   _____年___月   单位：元

项　目	行次	本期金额	上期金额
一、经营活动产生的现金流量			
销售产成品、商品、提供劳务收到的现金	1		
收到其他与经营活动有关的现金	2		
购买原材料、商品、接受劳务支付的现金	3		
支付的职工薪酬	4		

项　目	行次	本期金额	上期金额
支付的税费	5		
支付其他与经营活动有关的现金	6		
经营活动产生的现金流量净额	7		
二、投资活动产生的现金流量			
收回短期投资、长期债券投资和长期股权投资收到的现金	8		
取得投资收益收到的现金	9		
处置固定资产、无形资产和其他非流动资产收回的现金净额	10		
短期投资、长期债券投资和长期股权投资支付的现金	11		
购建固定资产、无形资产和其他非流动资产支付的现金	12		
投资活动产生的现金流量净额	13		
三、筹资活动产生的现金流量			
取得借款收到的现金	14		
吸收投资者投资收到的现金	15		
偿还借款本金支付的现金	16		
偿还借款利息支付的现金	17		
分配利润支付的现金	18		
筹资活动产生的现金流量净额	19		
四、现金净增加额	20		
加：期初现金余额	21		
五、期末现金余额	22		

本表反映小企业一定会计期间内有关现金流入和流出的信息。

本表"本年累计金额"栏反映各项目自年初起至报告期末止的累计实际发生额。

本表"本月金额"栏反映各项目的本月实际发生额。在编报年度财务报表时，应将"本月金额"栏改为"上年金额"栏，填列上年全年实际发生额。

本表各项目的内容及填列方法如下。

（1）经营活动产生的现金流量。

"销售产成品、商品、提供劳务收到的现金"项目，反映小企业本期销售产成品、商品、提供劳务收到的现金。本项目可以根据"库存现金"、"银行存款"和"主营业务收入"等科目的本期发生额分析填列。

"收到其他与经营活动有关的现金"项目，反映小企业本期收到的其他与经营活动有关的现金。本项目可以根据"库存现金"和"银行存款"等科目的本期发生额分析填列。

"购买原材料、商品、接受劳务支付的现金"项目，反映小企业本期购买原材料、商品、接受劳务支付的现金。本项目可以根据"库存现金"、"银行存款"、"其他货币资金"、"原材料"、"库存商品"等科目的本期发生额分析填列。

"支付的职工薪酬"项目，反映小企业本期向职工支付的薪酬。本项目可以根据"库存现金"、"银行存款"、"应付职工薪酬"科目的本期发生额填列。

"支付的税费"项目，反映小企业本期支付的税费。本项目可以根据"库存现金"、"银行存款"、"应交税费"等科目的本期发生额填列。

"支付其他与经营活动有关的现金"项目，反映小企业本期支付的其他与经营活动有关的现金。本项目可以根据"库存现金"、"银行存款"等科目的本期发生额分析填列。

（2）投资活动产生的现金流量。

"收回短期投资、长期债券投资和长期股权投资收到的现金"项目，反映小企业出售、转让或到期收回短期投资、长期股权投资而收到的现金，以及收回长期债券投资本金而收到的现金，不包括长期债券投资收回的利息。本项目可以根据"库存现金"、"银行存款"、"短期投资"、"长期股权投资"、"长期债券投资"等科目的本期发生额分析填列。

"取得投资收益收到的现金"项目，反映小企业因权益性投资和债权性投资取得的现金股利或利润和利息收入。本项目可以根据"库存现金"、"银行存款"、"投资收益"等科目的本期发生额分析填列。

"处置固定资产、无形资产和其他非流动资产收回的现金净额"项目，反映小企业处置固定资产、无形资产和其他非流动资产取得的现金，减去为处置这些资产而支付的有关税费等后的净额。本项目可以根据"库存现金"、"银行存款"、"固定资产清理"、"无形资产"、"生产性生物资产"等科目的本期发生额分析填列。

"短期投资、长期债券投资和长期股权投资支付的现金"项目，反映小企业进行权益性投资和债权性投资支付的现金，包括：企业取得短期股票投资、短期债券投资、短期基金投资、长期债券投资、长期股权投资支付的现金。本项目可以根据"库存现金"、"银行存款"、"短期投资"、"长期债券投资"、"长期股权投资"等科目的本期发生额分析填列。

"购建固定资产、无形资产和其他非流动资产支付的现金"项目，反映小企业购建固定资产、无形资产和其他非流动资产支付的现金，包括：购买机器设备、无形资产、生产性生物资产支付的现金、建造工程支付的现金等现金支出。不包括：为购建固定资产、无形资产和其他非流动资产而发生的借款费用资本化部分和支付给在建工程和无形资产开发项目人员的薪酬。为购建固定资产、无形资产和其他非流动资产而发生借款费用资本化部分，在"偿还借款利息支付的现金"项目反映；支付给在建工程和无形资产开发项目人员的薪酬，在"支付的职工薪"项目反映。本项目可以根据"库存现金"、"银行存款"、"固定资产"、"在建工程"、"无形资产"、"研发支出"、"生产性生物资产"、"应付职工薪酬"等科目的本期发生额分析填列。

（3）筹资活动产生的现金流量。

"取得借款收到的现金"项目，反映小企业举借各种短期、长期借款收到的现金。本项目可以根据"库存现金"、"银行存款"、"短期借款"、"长期借款"等科目的本期发生额分析填列。

"吸收投资者投资收到的现金"项目，反映小企业收到的投资者作为资本投入的现金。本项目可以根据"库存现金"、"银行存款"、"实收资本"、"资本公积"等科目的本期发生额分析填列。

"偿还借款本金支付的现金"项目，反映小企业以现金偿还各种短期、长期借款的本金。本项目可以根据"库存现金"、"银行存款"、"短期借款"、"长期借款"等科目的本期发生额分析填列。

"偿还借款利息支付的现金"项目，反映小企业以现金偿还各种短期、长期借款的利息。本项目可以根据"库存现金"、"银行存款"、"应付利息"等科目的本期发生额分析填列。

"分配利润支付的现金"项目，反映小企业向投资者实际支付的利润。本项目可以根据"库存现金"、"银行存款"、"应付利润"等科目的本期发生额分析填列。

本表中各项目之间的勾稽关系为

行 7 = 行 1 + 行 2 − 行 3 − 行 4 − 行 5 − 行 6

行 13 = 行 8 + 行 9 + 行 10 − 行 11 − 行 12

行 19 = 行 14 + 行 15 − 行 16 − 行 17 − 行 18

行20 = 行7 + 行13 + 行19

行22 = 行20 + 行21

延伸阅读

与《企业会计准则》的区别

与《企业会计准则》相比,《小企业会计准则》在现金流量表方面有如下不同。

(1) 现金的范围不同。《小企业会计准则》下,"现金"是指企业库存现金以及可以随时支付的存款;《企业会计准则》下,除此之外,现金还包括现金等价物。

(2) 现金流量表的结构不同。《小企业会计准则》下,不需要单独提供各项活动现金流入及流出小计,仅提供现金流量净额;《企业会计准则》均需提供。

(3)《小企业会计准则》下不包括汇率变动对现金的影响。

(4)《小企业会计准则》不需要采用间接法编制补充资料,即将净利润调节为经营活动现金流量。

11.4 财务报表附注

附注是财务报表的重要组成部分。小企业应当按照《小企业会计准则》规定披露附注信息,主要包括下列内容。

1. 遵循《小企业会计准则》的声明

小企业应当声明编制的财务报表符合《小企业会计准则》的要求,真实、完整地反映了小企业的财务状况、经营成果和现金流量等有关信息。

2. 短期投资、应收账款、存货、固定资产项目的说明

(1) 短期投资的披露格式。

表11-5 短期投资的披露格式

项　目	期末账面余额	期末市价	期末账面余额与市价的差额
1. 股票			
2. 债券			
3. 基金			
4. 其他			
合　计			

（2）应收账款按账龄结构披露的格式。

表 11 - 6　　　　　　　　　应收账款按账龄结构披露的格式

账龄结构	期末账面余额	年初账面余额
1 年以内（含 1 年）		
1～2 年（含 2 年）		
2～3 年（含 3 年）		
3 年以上		
合　计		

（3）存货的披露格式。

表 11 - 7　　　　　　　　　存货的披露格式

存货种类	期末账面余额	期末市价	期末账面余额与市价的差额
1. 原材料			
2. 在产品			
3. 库存商品			
4. 周转材料			
5. 消耗性生物资产			
……			
合　计			

（4）固定资产的披露格式。

表 11 - 8　　　　　　　　　固定资产的披露格式

项　目	原　价	累计折旧	期末账面价值
1. 房屋、建筑物			
2. 机器			
3. 机械			
4. 运输工具			
5. 设备			
6. 器具			
7. 工具			
……			
合计			

3. 应付职工薪酬、应交税费项目的说明

（1）应付职工薪酬的披露格式。

表 11–9 　　　　　　　　　　应付职工薪酬明细表 　　　　　　　会小企 01 表附表 1

编制单位： 　　　　　　　　　　　_____年____月　　　　　　　　　　　　　单位：元

项　目	期末账面余额	年初账面余额
1. 职工工资		
2. 奖金、津贴和补贴		
3. 职工福利费		
4. 社会保险费		
5. 住房公积金		
6. 工会经费		
7. 职工教育经费		
8. 非货币性福利		
9. 辞退福利		
10. 其他		
合　计		

（2）应交税费的披露格式。

表 11–10 　　　　　　　　　　应交税费明细表 　　　　　　　会小企 01 表附表 2

编制单位： 　　　　　　　　　　　_____年____月　　　　　　　　　　　　　单位：元

项　目	期末账面余额	年初账面余额
1. 增值税		
2. 消费税		
3. 营业税		
4. 城市维护建设税		
5. 企业所得税		
6. 资源税		
7. 土地增值税		
8. 城镇土地使用税		
9. 房产税		
10. 车船税		
11. 教育费附加		
12. 矿产资源补偿费		

项　目	期末账面余额	年初账面余额
13. 排污费		
14. 代扣代缴的个人所得税		
……		
合　计		

4. 利润分配的说明

表 11－11　　　　　　　　　　　利润分配表　　　　　　　　会小企 01 表附表 3

编制单位：　　　　　　　　　　　　_____年度　　　　　　　　　　　　单位：元

项　目	行次	本年金额	上年金额
一、净利润	1		
加：年初未分配利润	2		
其他转入	3		
二、可供分配的利润	4		
减：提取法定盈余公积	5		
提取任意盈余公积	6		
提取职工奖励及福利基金	7		
提取储备基金	8		
提取企业发展基金	9		
利润归还投资	10		
三、可供投资者分配的利润	11		
减：应付利润	12		
四、未分配利润	13		

注：提取职工奖励及福利基金、提取储备基金、提取企业发展基金这三个项目仅适用于小企业（外商投资）按照相关法律规定提取的三项基金。

利润归还投资这个项目仅适用于小企业（中外合作经营）根据合同规定在合作期间归还投资者的投资。

5. 用于对外担保的资产名称、账面余额及形成的原因；未决诉讼、未决仲裁以及对外提供担保所涉及的金额。

6. 发生严重亏损的，应当披露持续经营的计划、未来经营的方案。

7. 对已在资产负债表和利润表中列示项目与企业所得税法规定存在差异的纳税调整过程。参见《中华人民共和国企业所得税年度纳税申报表》。

8. 其他需要说明的事项。

11.5　财务报表分析

财务报表分析，又称财务分析，是通过收集、整理企业财务会计报告中的有关数据，并结合其他有关补充信息，对企业的财务状况、经营成果和现金流量情况进行综合比较和评价，为财务会计报告使用者提供管理决策和控制依据的一项管理工作。

11.5.1　财务报表分析的意义

财务报表能够全面反映小企业的财务状况、经营成果和现金流量情况，但是单纯从财务报表上的数据还不能直接或全面说明小企业的财务状况，特别是不能说明小企业经营状况的好坏和经营成果的高低。只有将小企业的财务指标与有关的数据进行比较，才能说明小企业财务状况所处的地位，因此要进行财务报表分析。

做好财务报表分析工作，可以正确评价企业的财务状况、经营成果和现金流量情况，揭示企业未来的报酬和风险；可以检查企业预算完成情况，考核经营管理人员的业绩，为建立健全合理的激励机制提供帮助。

11.5.2　财务报表分析的内容

财务报表分析是由不同的使用者进行的，他们各自有不同的分析重点，也有共同的要求。从总体来看，小企业财务报表分析的基本内容，主要包括以下三个方面。

（1）评价小企业的偿债能力，估量对债务资金的利用程度。

（2）评价小企业的资产营运能力，分析小企业资产的分布情况和周转使用情况。

（3）评价小企业的盈利能力，分析小企业利润目标的完成情况和不同年度盈利水平的变动情况。

以上三个方面的分析内容互相联系，互相补充，可以综合的描述出企业生产经营的财务状况、经营成果和现金流量情况，以满足不同使用者对会计信息的基本需要。其中，偿债能力是企业财务目标实现的稳健保证，而营运能力是企业财务目标实现的物质基础，盈利能力则是前两者共同作用的结果，同时也对前两者起其推动作用。

11.5.3　财务报表分析的指标

1. 衡量小企业偿债能力的指标

偿债能力是指小企业偿还到期债务（包括本息）的能力。能否及时偿还到期债务，是反映小企业财务状况好坏的重要标志。通过对偿债能力的分析，可以考察小企业持续经营的能力和风险，有助于对小企业未来收益进行预测。

衡量小企业偿债能力的指标主要有流动比率、速动比率、资产负债率等。

（1）流动比率。流动比率衡量企业在某一时点偿付即将到期债务的能力，又称短期偿债能力比率。

计算公式为：流动比率 = 流动资产 ÷ 流动负债 × 100%

一般情况下，流动比率越高，反映小企业短期偿债能力越强，债权人的权益越有保证。按照西方企业的长期经验，一般认为2:1的比率比较适宜。它表明小企业财务状况稳定可靠，除了满足日常生产经营的流动资金需要外，还有足够的财力偿付到期短期债务。如果比率过低，则表示小企业可能捉襟见肘，难以如期偿还到期债务。但是，流动比率也不可能过高，过高表明小企业流动资产占用较多，有较多的资金滞留在流动资产上而未加以更好地运用，如出现存货超储积压、存在大量应收账款、拥有过分充裕的现金等，这会影响资金的使用效率和企业筹资成本，进而影响获利能力。保持多高水平的比率，主要视企业对待风险与收益的态度而定。

（2）速动比率。速动比率衡量企业在某一时点运用随时可变现资产偿付到期债务的能力，是对流动比率的补充。

计算公式为：速动比率 = 速动资产 ÷ 流动负债 × 100% = （流动资产 − 存货）÷ 流动比率 × 100%

西方企业传统经验认为，速动比率为1:1是安全标准，说明1元流动负债有1元的速动资产作为保证。如果速动比率小于1，小企业会面临很大的偿债风险，小企业将会依赖出售存货或举借新债偿还到期债务，这就造成急需售出存货带来的削价损失或举借新债形成的利息支出；如果速动比率大于1，说明小企业有足够的能力偿还短期债务，债务偿还的安全性很高，但同时说明小企业拥有过多的不能获利的现款和应收账款，而大大增加企业的机会成本。

（3）资产负债率。资产负债率衡量企业利用债权人提供资金进行经营活动的能力，反映债权人发放贷款的安全程度。这一比率是衡量企业长期偿债能力的指标之一。

计算公式为：资产负债率＝负债总额÷资产总额×100%

一般来讲，小企业的资产总额应大于负债总额，资产负债率应小于100%。如果企业的资产负债率较低（70%以下），说明企业有较好的偿债能力和负债经营能力。

在企业资产净利润率高于负债资本成本率的条件下，企业负债经营会因代价较小而使所有者的收益增加。因此，所有者总希望利用负债经营得到财务杠杆利益，从而提高资产负债率。但债权人希望企业的资产负债率低一些，因为债权人的利益主要表现在权益的安全方面。如果企业的资产负债率等于甚至大于100%，说明企业资不抵债，债权人为维护自己的利益可以向人民法院申请将该企业破产。

2. 衡量小企业资产营运能力的指标

营运能力是指企业的经营运行能力，即企业运用各项资产以赚取利润的能力。小企业分析其营运能力的指标主要有存货周转率、应收账款周转率等。

（1）存货周转率。

存货周转率用来衡量小企业购入存货、投入生产、销售收回等各环节的综合管理状况。它是销货成本被平均存货所除而得到的比率，或叫存货的周转次数。

计算公式为：存货周转率＝销货成本÷平均存货余额×100%

其中，平均存货余额＝（期初存货＋期末存货）÷2

一般来讲，存货周转速度越快（即存货周转率越大），存货占用水平越低，流动性越强，存货转化为现金或应收账款的速度就越快，这样会增强小企业的短期偿债能力及获利能力。通过存货周转速度分析，有利于找出存货管理中存在的问题，尽可能降低资金占用水平。

存货周转率反映了小企业销售效率和存货使用效率。在正常情况下，如果经营顺利，存货周转率越高，说明小企业存货周转得越快，销售能力越强，营运资金占用在存货上的金额也会越少。

（2）应收账款周转率。

小企业的应收账款在流动资产中具有举足轻重的地位。小企业的应收账款如能及时收回，小企业的资金使用效率便能大幅提高。应收账款周转率衡量小企业应收账款周转速度，说明一定期间内小企业应收账款转为现金的平均次数。

计算公式为：应收账款周转率（次）＝赊销收入净额÷平均应收账款

其中，平均应收账款是资产负债表中"应收账款"和"应收票据"的期初、期末金额的平均数之和。

一般来说，应收账款周转率越高越好，表明小企业收账速度快，平均收账期短，坏账损失少，资产流动快，偿债能力强。如果应收账款周转率过低，则说明债务人拖欠时间长，资信度低，增大了发生坏账损失的风险；同时也说明小企业催收账款不力，使资产形成了呆账甚至坏账，造成了流动资产不流动，这对小企业正常的生产经营是很不利的。但从另一方面说，如果小企业的应收账款周转率过高，则表明公司奉行较紧的信用政策，付款条件过于苛刻，这样会限制企业销售量的扩大，特别是当这种限制的代价（机会收益）大于赊销成本时，会影响企业的盈利水平。

3. 衡量小企业盈利能力的指标

盈利能力是指小企业在一定时期内赚取利润的能力，利润率越高，盈利能力就越强。对于经营者来讲，通过对盈利能力的分析，可以发现经营管理环节出现的问题。对小企业盈利能力的分析，就是对公司利润率的深层次分析。

衡量小企业盈利能力的指标主要有净利润率、净资产收益率等。

（1）净利润率。

净利润率衡量小企业营业收入的获利水平。其计算公式为：

净利润率＝净利润÷营业收入×100%

净利润率越高，说明小企业主营业务成本控制越好，获利能力越强。净利润率具有明显的行业特点。一般来说，营业周期短、固定费用低的行业的净利润率水平比较低；营业周期长、固定费用高的行业，则要求有较高的净利润率，以弥补其巨大的固定成本。

（2）净资产收益率。

净资产收益率是反映所有者对企业投资部分的获利能力，也叫所有者权益报酬率。其计算公式为：

净资产收益率＝净利润÷所有者权益平均余额×100%

净资产收益率越高，说明企业所有者权益获利能力越强。对企业而言，该指标非常重要，一般高新技术企业的净资产收益率相对较高。

附　录
我国与中小企业相关的法律、法规

小企业会计准则

财会〔2011〕17号

第一章 总 则

第一条 为了规范小企业会计确认、计量和报告行为，促进小企业可持续发展，发挥小企业在国民经济和社会发展中的重要作用，根据《中华人民共和国会计法》及其他有关法律和法规，制定本准则。

第二条 本准则适用于在中华人民共和国境内依法设立的、符合《中小企业划型标准规定》所规定的小型企业标准的企业。

下列三类小企业除外：

（一）股票或债券在市场上公开交易的小企业。

（二）金融机构或其他具有金融性质的小企业。

（三）企业集团内的母公司和子公司。

前款所称企业集团、母公司和子公司的定义与《企业会计准则》的规定相同。

第三条 符合本准则第二条规定的小企业，可以执行本准则，也可以执行《企业会计准则》。

（一）执行本准则的小企业，发生的交易或者事项本准则未作规范的，可以参照《企业会计准则》中的相关规定进行处理。

（二）执行《企业会计准则》的小企业，不得在执行《企业会计准则》的同时，选择执行本准则的相关规定。

（三）执行本准则的小企业公开发行股票或债券的，应当转为执行《企业会计准则》；因经营规模或企业性质变化导致不符合本准则第二条规定而成为大中型企业或金融企业的，应当从次年1月1日起转为执行《企业会计准则》。

（四）已执行《企业会计准则》的上市公司、大中型企业和小企业，不得转为执行本准则。

第四条　执行本准则的小企业转为执行《企业会计准则》时，应当按照《企业会计准则第 38 号——首次执行企业会计准则》等相关规定进行会计处理。

第二章　资　　产

第五条　资产，是指小企业过去的交易或者事项形成的、由小企业拥有或者控制的、预期会给小企业带来经济利益的资源。

小企业的资产按照流动性，可分为流动资产和非流动资产。

第六条　小企业的资产应当按照成本计量，不计提资产减值准备。

第一节　流动资产

第七条　小企业的流动资产，是指预计在 1 年内（含 1 年，下同）或超过 1 年的一个正常营业周期内变现、出售或耗用的资产。

小企业的流动资产包括：货币资金、短期投资、应收及预付款项、存货等。

第八条　短期投资，是指小企业购入的能随时变现并且持有时间不准备超过 1 年（含 1 年，下同）的投资，如小企业以赚取差价为目的从二级市场购入的股票、债券、基金等。

短期投资应当按照以下规定进行会计处理：

（一）以支付现金取得的短期投资，应当按照购买价款和相关税费作为成本进行计量。

实际支付价款中包含的已宣告但尚未发放的现金股利或已到付息期但尚未领取的债券利息，应当单独确认为应收股利或应收利息，不计入短期投资的成本。

（二）在短期投资持有期间，被投资单位宣告分派的现金股利或在债务人应付利息日按照分期付息、一次还本债券投资的票面利率计算的利息收入，应当计入投资收益。

（三）出售短期投资，出售价款扣除其账面余额、相关税费后的净额，应当计入投资收益。

第九条　应收及预付款项，是指小企业在日常生产经营活动中发生的各项债权。包括：应收票据、应收账款、应收股利、应收利息、其他应收款等应收款项和预付账款。

应收及预付款项应当按照发生额入账。

第十条　小企业应收及预付款项符合下列条件之一的，减除可收回的金额后确认的无法收回的应收及预付款项，作为坏账损失：

（一）债务人依法宣告破产、关闭、解散、被撤销，或者被依法注销、吊销营业执照，其清算财产不足清偿的。

（二）债务人死亡，或者依法被宣告失踪、死亡，其财产或者遗产不足清偿的。

（三）债务人逾期3年以上未清偿，且有确凿证据证明已无力清偿债务的。

（四）与债务人达成债务重组协议或法院批准破产重整计划后，无法追偿的。

（五）因自然灾害、战争等不可抗力导致无法收回的。

（六）国务院财政、税务主管部门规定的其他条件。

应收及预付款项的坏账损失应当于实际发生时计入营业外支出，同时冲减应收及预付款项。

第十一条　存货，是指小企业在日常生产经营过程中持有以备出售的产成品或商品、处在生产过程中的在产品、将在生产过程或提供劳务过程中耗用的材料和物料等，以及小企业（农、林、牧、渔业）为出售而持有的、或在将来收获为农产品的消耗性生物资产。

小企业的存货包括：原材料、在产品、半成品、产成品、商品、周转材料、委托加工物资、消耗性生物资产等。

（一）原材料，是指小企业在生产过程中经加工改变其形态或性质并构成产品主要实体的各种原料及主要材料、辅助材料、外购半成品（外购件）、修理用备件（备品备件）、包装材料、燃料等。

（二）在产品，是指小企业正在制造尚未完工的产品。包括：正在各个生产工序加工的产品，以及已加工完毕但尚未检验或已检验但尚未办理入库手续的产品。

（三）半成品，是指小企业经过一定生产过程并已检验合格交付半成品仓库保管，但尚未制造完工成为产成品，仍需进一步加工的中间产品。

（四）产成品，是指小企业已经完成全部生产过程并已验收入库，符合标准规格和技术条件，可以按照合同规定的条件送交订货单位，或者可以作为商品对外销售的产品。

（五）商品，是指小企业（批发业、零售业）外购或委托加工完成并已验收入库用于销售的各种商品。

（六）周转材料，是指小企业能够多次使用、逐渐转移其价值但仍保持原有形态且不确认为固定资产的材料。包括：包装物、低值易耗品、小企业（建筑业）的钢模板、木模板、脚手架等。

（七）委托加工物资，是指小企业委托外单位加工的各种材料、商品等物资。

（八）消耗性生物资产，是指小企业（农、林、牧、渔业）生长中的大田作物、蔬菜、用材林以及存栏待售的牲畜等。

第十二条　小企业取得的存货，应当按照成本进行计量。

（一）外购存货的成本包括：购买价款、相关税费、运输费、装卸费、保险费以及在外购存货过程发生的其他直接费用，但不含按照税法规定可以抵扣的增值税进项税额。

（二）通过进一步加工取得存货的成本包括：直接材料、直接人工以及按照一定方法分配的制造费用。

经过 1 年期以上的制造才能达到预定可销售状态的存货发生的借款费用，也计入存货的成本。

前款所称借款费用，是指小企业因借款而发生的利息及其他相关成本。包括：借款利息、辅助费用以及因外币借款而发生的汇兑差额等。

（三）投资者投入存货的成本，应当按照评估价值确定。

（四）提供劳务的成本包括：与劳务提供直接相关的人工费、材料费和应分摊的间接费用。

（五）自行栽培、营造、繁殖或养殖的消耗性生物资产的成本，应当按照下列规定确定：

1. 自行栽培的大田作物和蔬菜的成本包括：在收获前耗用的种子、肥料、农药等材料费、人工费和应分摊的间接费用。

2. 自行营造的林木类消耗性生物资产的成本包括：郁闭前发生的造林费、抚育费、营林设施费、良种试验费、调查设计费和应分摊的间接费用。

3. 自行繁殖的育肥畜的成本包括：出售前发生的饲料费、人工费和应分摊的间接费用。

4. 水产养殖的动物和植物的成本包括：在出售或入库前耗用的苗种、饲料、肥料等材料费、人工费和应分摊的间接费用。

（六）盘盈存货的成本，应当按照同类或类似存货的市场价格或评估价值确定。

第十三条　小企业应当采用先进先出法、加权平均法或者个别计价法确定发出存货的实际成本。计价方法一经选用，不得随意变更。

对于性质和用途相似的存货，应当采用相同的成本计算方法确定发出存货的成本。

对于不能替代使用的存货、为特定项目专门购入或制造的存货以及提供的劳务，采用个别计价法确定发出存货的成本。

对于周转材料，采用一次转销法进行会计处理，在领用时按其成本计入生产成本或当期损益；金额较大的周转材料，也可以采用分次摊销法进行会计处理。出租或出借周转材料，不需要结转其成本，但应当进行备查登记。

对于已售存货，应当将其成本结转为营业成本。

第十四条 小企业应当根据生产特点和成本管理的要求，选择适合于本企业的成本核算对象、成本项目和成本计算方法。

小企业发生的各项生产费用，应当按照成本核算对象和成本项目分别归集。

（一）属于材料费、人工费等直接费用，直接计入基本生产成本和辅助生产成本。

（二）属于辅助生产车间为生产产品提供的动力等直接费用，可以先作为辅助生产成本进行归集，然后按照合理的方法分配计入基本生产成本；也可以直接计入所生产产品发生的生产成本。

（三）其他间接费用应当作为制造费用进行归集，月度终了，再按一定的分配标准，分配计入有关产品的成本。

第十五条 存货发生毁损，处置收入、可收回的责任人赔偿和保险赔款，扣除其成本、相关税费后的净额，应当计入营业外支出或营业外收入。

盘盈存货实现的收益应当计入营业外收入。

盘亏存货发生的损失应当计入营业外支出。

第二节　长期投资

第十六条 小企业的非流动资产，是指流动资产以外的资产。

小企业的非流动资产包括：长期债券投资、长期股权投资、固定资产、生产性生物资产、无形资产、长期待摊费用等。

第十七条 长期债券投资，是指小企业准备长期（在 1 年以上，下同）持有的债券投资。

第十八条 长期债券投资应当按照购买价款和相关税费作为成本进行计量。

实际支付价款中包含的已到付息期但尚未领取的债券利息，应当单独确认为应收利息，不计入长期债券投资的成本。

第十九条 长期债券投资在持有期间发生的应收利息应当确认为投资收益。

（一）分期付息、一次还本的长期债券投资，在债务人应付利息日按照票面利率计算的应收未收利息收入应当确认为应收利息，不增加长期债券投资的账面余额。

（二）一次还本付息的长期债券投资，在债务人应付利息日按照票面利率计算的应收未收利息收入应当增加长期债券投资的账面余额。

（三）债券的折价或者溢价在债券存续期间内于确认相关债券利息收入时采用直线法进行摊销。

第二十条 长期债券投资到期，小企业收回长期债券投资，应当冲减其账面余额。处置长期债券投资，处置价款扣除其账面余额、相关税费后的净额，应当计入投资收益。

第二十一条 小企业长期债券投资符合本准则第十条所列条件之一的，减除可收回的金额后确认的无法收回的长期债券投资，作为长期债券投资损失。

长期债券投资损失应当于实际发生时计入营业外支出，同时冲减长期债券投资账面余额。

第二十二条 长期股权投资，是指小企业准备长期持有的权益性投资。

第二十三条 长期股权投资应当按照成本进行计量。

（一）以支付现金取得的长期股权投资，应当按照购买价款和相关税费作为成本进行计量。

实际支付价款中包含的已宣告但尚未发放的现金股利，应当单独确认为应收股利，不计入长期股权投资的成本。

（二）通过非货币性资产交换取得的长期股权投资，应当按照换出非货币性资产的评估价值和相关税费作为成本进行计量。

第二十四条 长期股权投资应当采用成本法进行会计处理。

在长期股权投资持有期间，被投资单位宣告分派的现金股利或利润，应当按照应分得的金额确认为投资收益。

第二十五条 处置长期股权投资，处置价款扣除其成本、相关税费后的净额，应当计入投资收益。

第二十六条 小企业长期股权投资符合下列条件之一的，减除可收回的金额后确认的无法收回的长期股权投资，作为长期股权投资损失：

（一）被投资单位依法宣告破产、关闭、解散、被撤销，或者被依法注销、吊销营业执照的。

（二）被投资单位财务状况严重恶化，累计发生巨额亏损，已连续停止经营3年以上，且无重新恢复经营改组计划的。

（三）对被投资单位不具有控制权，投资期限届满或者投资期限已超过10年，且被投资单位因连续3年经营亏损导致资不抵债的。

（四）被投资单位财务状况严重恶化，累计发生巨额亏损，已完成清算或清算期超过 3 年以上的。

（五）国务院财政、税务主管部门规定的其他条件。

长期股权投资损失应当于实际发生时计入营业外支出，同时冲减长期股权投资账面余额。

第三节　固定资产和生产性生物资产

第二十七条　固定资产，是指小企业为生产产品、提供劳务、出租或经营管理而持有的，使用寿命超过 1 年的有形资产。

小企业的固定资产包括：房屋、建筑物、机器、机械、运输工具、设备、器具、工具等。

第二十八条　固定资产应当按照成本进行计量。

（一）外购固定资产的成本包括：购买价款、相关税费、运输费、装卸费、保险费、安装费等，但不含按照税法规定可以抵扣的增值税进项税额。

以一笔款项购入多项没有单独标价的固定资产，应当按照各项固定资产或类似资产的市场价格或评估价值比例对总成本进行分配，分别确定各项固定资产的成本。

（二）自行建造固定资产的成本，由建造该项资产在竣工决算前发生的支出（含相关的借款费用）构成。

小企业在建工程在试运转过程中形成的产品、副产品或试车收入冲减在建工程成本。

（三）投资者投入固定资产的成本，应当按照评估价值和相关税费确定。

（四）融资租入的固定资产的成本，应当按照租赁合同约定的付款总额和在签订租赁合同过程中发生的相关税费等确定。

（五）盘盈固定资产的成本，应当按照同类或者类似固定资产的市场价格或评估价值，扣除按照该项固定资产新旧程度估计的折旧后的余额确定。

第二十九条　小企业应当对所有固定资产计提折旧，但已提足折旧仍继续使用的固定资产和单独计价入账的土地不得计提折旧。

固定资产的折旧费应当根据固定资产的受益对象计入相关资产成本或者当期损益。

前款所称折旧，是指在固定资产使用寿命内，按照确定的方法对应计折旧额进行系统分摊。应计折旧额，是指应当计提折旧的固定资产的原价（成本）扣除其预计净残值后的金额。预计净残值，是指固定资产预计使用寿命已满，小企业从该项固定资产处置中获得的扣除预计处置费用后的净额。已提足折旧，是指已经提足该项固定资产的应计折旧额。

第三十条 小企业应当按照年限平均法（即直线法，下同）计提折旧。小企业的固定资产由于技术进步等原因，确需加速折旧的，可以采用双倍余额递减法和年数总和法。

小企业应当根据固定资产的性质和使用情况，并考虑税法的规定，合理确定固定资产的使用寿命和预计净残值。

固定资产的折旧方法、使用寿命、预计净残值一经确定，不得随意变更。

第三十一条 小企业应当按月计提折旧，当月增加的固定资产，当月不计提折旧，从下月起计提折旧；当月减少的固定资产，当月仍计提折旧，从下月起不计提折旧。

第三十二条 固定资产的日常修理费，应当在发生时根据固定资产的受益对象计入相关资产成本或者当期损益。

第三十三条 固定资产的改建支出，应当计入固定资产的成本，但已提足折旧的固定资产和经营租入的固定资产发生的改建支出应当计入长期待摊费用。

前款所称固定资产的改建支出，是指改变房屋或者建筑物结构、延长使用年限等发生的支出。

第三十四条 处置固定资产，处置收入扣除其账面价值、相关税费和清理费用后的净额，应当计入营业外收入或营业外支出。

前款所称固定资产的账面价值，是指固定资产原价（成本）扣减累计折旧后的金额。

盘亏固定资产发生的损失应当计入营业外支出。

第三十五条 生产性生物资产，是指小企业（农、林、牧、渔业）为生产农产品、提供劳务或出租等目的而持有的生物资产。包括：经济林、薪炭林、产畜和役畜等。

第三十六条 生产性生物资产应当按照成本进行计量。

（一）外购的生产性生物资产的成本，应当按照购买价款和相关税费确定。

（二）自行营造或繁殖的生产性生物资产的成本，应当按照下列规定确定：

1. 自行营造的林木类生产性生物资产的成本包括：达到预定生产经营目的前发生的造林费、抚育费、营林设施费、良种试验费、调查设计费和应分摊的间接费用等必要支出。

2. 自行繁殖的产畜和役畜的成本包括：达到预定生产经营目的前发生的饲料费、人工费和应分摊的间接费用等必要支出。

前款所称达到预定生产经营目的，是指生产性生物资产进入正常生产期，可以多年连续稳定产出农产品、提供劳务或出租。

第三十七条 生产性生物资产应当按照年限平均法计提折旧。

小企业（农、林、牧、渔业）应当根据生产性生物资产的性质和使用情况，并考虑税法的规定，合理确定生产性生物资产的使用寿命和预计净残值。

生产性生物资产的折旧方法、使用寿命、预计净残值一经确定，不得随意变更。

小企业（农、林、牧、渔业）应当自生产性生物资产投入使用月份的下月起按月计提折旧；停止使用的生产性生物资产，应当自停止使用月份的下月起停止计提折旧。

第四节　无形资产

第三十八条　无形资产，是指小企业为生产产品、提供劳务、出租或经营管理而持有的、没有实物形态的可辨认非货币性资产。

小企业的无形资产包括：土地使用权、专利权、商标权、著作权、非专利技术等。

自行开发建造厂房等建筑物，相关的土地使用权与建筑物应当分别进行处理。外购土地及建筑物支付的价款应当在建筑物与土地使用权之间按照合理的方法进行分配；难以合理分配的，应当全部作为固定资产。

第三十九条　无形资产应当按照成本进行计量。

（一）外购无形资产的成本包括：购买价款、相关税费和相关的其他支出（含相关的借款费用）。

（二）投资者投入的无形资产的成本，应当按照评估价值和相关税费确定。

（三）自行开发的无形资产的成本，由符合资本化条件后至达到预定用途前发生的支出（含相关的借款费用）构成。

第四十条　小企业自行开发无形资产发生的支出，同时满足下列条件的，才能确认为无形资产：

（一）完成该无形资产以使其能够使用或出售在技术上具有可行性；

（二）具有完成该无形资产并使用或出售的意图；

（三）能够证明运用该无形资产生产的产品存在市场或无形资产自身存在市场，无形资产将在内部使用的，应当证明其有用性；

（四）有足够的技术、财务资源和其他资源支持，以完成该无形资产的开发，并有能力使用或出售该无形资产；

（五）归属于该无形资产开发阶段的支出能够可靠地计量。

第四十一条　无形资产应当在其使用寿命内采用年限平均法进行摊销，根据其受益对象计入相关资产成本或者当期损益。

无形资产的摊销期自其可供使用时开始至停止使用或出售时止。有关法律规定或合同约定了使用年限的，可以按照规定或约定的使用年限分期摊销。

小企业不能可靠估计无形资产使用寿命的，摊销期不得低于10年。

第四十二条 处置无形资产，处置收入扣除其账面价值、相关税费等后的净额，应当计入营业外收入或营业外支出。

前款所称无形资产的账面价值，是指无形资产的成本扣减累计摊销后的金额。

第五节 长期待摊费用

第四十三条 小企业的长期待摊费用包括：已提足折旧的固定资产的改建支出、经营租入固定资产的改建支出、固定资产的大修理支出和其他长期待摊费用等。

前款所称固定资产的大修理支出，是指同时符合下列条件的支出：

（一）修理支出达到取得固定资产时的计税基础50%以上；

（二）修理后固定资产的使用寿命延长2年以上。

第四十四条 长期待摊费用应当在其摊销期限内采用年限平均法进行摊销，根据其受益对象计入相关资产的成本或者管理费用，并冲减长期待摊费用。

（一）已提足折旧的固定资产的改建支出，按照固定资产预计尚可使用年限分期摊销。

（二）经营租入固定资产的改建支出，按照合同约定的剩余租赁期限分期摊销。

（三）固定资产的大修理支出，按照固定资产尚可使用年限分期摊销。

（四）其他长期待摊费用，自支出发生月份的下月起分期摊销，摊销期不得低于3年。

第三章 负 债

第四十五条 负债，是指小企业过去的交易或者事项形成的，预期会导致经济利益流出小企业的现时义务。

小企业的负债按照其流动性，可分为流动负债和非流动负债。

第一节 流动负债

第四十六条 小企业的流动负债，是指预计在1年内或者超过1年的一个正常营业周期内清偿的债务。

小企业的流动负债包括：短期借款、应付及预收款项、应付职工薪酬、应交税费、应付利息等。

第四十七条 各项流动负债应当按照其实际发生额入账。

小企业确实无法偿付的应付款项，应当计入营业外收入。

第四十八条 短期借款应当按照借款本金和借款合同利率在应付利息日计提利息费用，计入财务费用。

第四十九条 应付职工薪酬，是指小企业为获得职工提供的服务而应付给职工的各种形式的报酬以及其他相关支出。

小企业的职工薪酬包括：

（一）职工工资、奖金、津贴和补贴。

（二）职工福利费。

（三）医疗保险费、养老保险费、失业保险费、工伤保险费和生育保险费等社会保险费。

（四）住房公积金。

（五）工会经费和职工教育经费。

（六）非货币性福利。

（七）因解除与职工的劳动关系给予的补偿。

（八）其他与获得职工提供的服务相关的支出等。

第五十条 小企业应当在职工为其提供服务的会计期间，将应付的职工薪酬确认为负债，并根据职工提供服务的受益对象，分别下列情况进行会计处理：

（一）应由生产产品、提供劳务负担的职工薪酬，计入产品成本或劳务成本。

（二）应由在建工程、无形资产开发项目负担的职工薪酬，计入固定资产成本或无形资产成本。

（三）其他职工薪酬（含因解除与职工的劳动关系给予的补偿），计入当期损益。

第二节　非流动负债

第五十一条 小企业的非流动负债，是指流动负债以外的负债。

小企业的非流动负债包括：长期借款、长期应付款等。

第五十二条 非流动负债应当按照其实际发生额入账。

长期借款应当按照借款本金和借款合同利率在应付利息日计提利息费用，计入相关资产成本或财务费用。

第四章　所有者权益

第五十三条　所有者权益，是指小企业资产扣除负债后由所有者享有的剩余权益。

小企业的所有者权益包括：实收资本（或股本，下同）、资本公积、盈余公积和未分配利润。

第五十四条　实收资本，是指投资者按照合同协议约定或相关规定投入到小企业、构成小企业注册资本的部分。

（一）小企业收到投资者以现金或非货币性资产投入的资本，应当按照其在本企业注册资本中所占的份额计入实收资本，超出的部分，应当计入资本公积。

（二）投资者根据有关规定对小企业进行增资或减资，小企业应当增加或减少实收资本。

第五十五条　资本公积，是指小企业收到的投资者出资额超过其在注册资本或股本中所占份额的部分。

小企业用资本公积转增资本，应当冲减资本公积。小企业的资本公积不得用于弥补亏损。

第五十六条　盈余公积，是指小企业按照法律规定在税后利润中提取的法定公积金和任意公积金。

小企业用盈余公积弥补亏损或者转增资本，应当冲减盈余公积。小企业的盈余公积还可以用于扩大生产经营。

第五十七条　未分配利润，是指小企业实现的净利润，经过弥补亏损、提取法定公积金和任意公积金、向投资者分配利润后，留存在本企业的、历年结存的利润。

第五章　收　　入

第五十八条　收入，是指小企业在日常生产经营活动中形成的、会导致所有者权益增加、与所有者投入资本无关的经济利益的总流入。包括：销售商品收入和提供劳务收入。

第五十九条　销售商品收入，是指小企业销售商品（或产成品、材料，下同）取得的收入。

通常，小企业应当在发出商品且收到货款或取得收款权利时，确认销售商品收入。

（一）销售商品采用托收承付方式的，在办妥托收手续时确认收入。

（二）销售商品采取预收款方式的，在发出商品时确认收入。

（三）销售商品采用分期收款方式的，在合同约定的收款日期确认收入。

（四）销售商品需要安装和检验的，在购买方接受商品以及安装和检验完毕时确认收入。安装程序比较简单的，可在发出商品时确认收入。

（五）销售商品采用支付手续费方式委托代销的，在收到代销清单时确认收入。

（六）销售商品以旧换新的，销售的商品作为商品销售处理，回收的商品作为购进商品处理。

（七）采取产品分成方式取得的收入，在分得产品之日按照产品的市场价格或评估价值确定销售商品收入金额。

第六十条　小企业应当按照从购买方已收或应收的合同或协议价款，确定销售商品收入金额。

销售商品涉及现金折扣的，应当按照扣除现金折扣前的金额确定销售商品收入金额。现金折扣应当在实际发生时，计入当期损益。

销售商品涉及商业折扣的，应当按照扣除商业折扣后的金额确定销售商品收入金额。

前款所称现金折扣，是指债权人为鼓励债务人在规定的期限内付款而向债务人提供的债务扣除。商业折扣，是指小企业为促进商品销售而在商品标价上给予的价格扣除。

第六十一条　小企业已经确认销售商品收入的售出商品发生的销售退回（不论属于本年度还是属于以前年度的销售），应当在发生时冲减当期销售商品收入。

小企业已经确认销售商品收入的售出商品发生的销售折让，应当在发生时冲减当期销售商品收入。

前款所称销售退回，是指小企业售出的商品由于质量、品种不符合要求等原因发生的退货。销售折让，是指小企业因售出商品的质量不合格等原因而在售价上给予的减让。

第六十二条　小企业提供劳务的收入，是指小企业从事建筑安装、修理修配、交通运输、仓储租赁、邮电通信、咨询经纪、文化体育、科学研究、技术服务、教育培训、餐饮住宿、中介代理、卫生保健、社区服务、旅游、娱乐、加工以及其他劳务服务活动取得的收入。

第六十三条　同一会计年度内开始并完成的劳务，应当在提供劳务交易完成且收到款项或取得收款权利时，确认提供劳务收入。提供劳务收入的金额为从接受劳务方已收或应收的合同或协议价款。

劳务的开始和完成分属不同会计年度的，应当按照完工进度确认提供劳务收入。年度资产负债表日，按照提供劳务收入总额乘以完工进度扣除以前会计年度累计已确认提供劳务收入后的金额，确认本年度的提供劳务收入；同时，按照估计的提供劳务成本总额乘以完工进度扣除以前会计年度累计已确认营业成本后的金额，结转本年度营业成本。

第六十四条 小企业与其他企业签订的合同或协议包含销售商品和提供劳务时，销售商品部分和提供劳务部分能够区分且能够单独计量的，应当将销售商品的部分作为销售商品处理，将提供劳务的部分作为提供劳务处理。

销售商品部分和提供劳务部分不能够区分，或虽能区分但不能够单独计量的，应当作为销售商品处理。

第六章 费 用

第六十五条 费用，是指小企业在日常生产经营活动中发生的、会导致所有者权益减少、与向所有者分配利润无关的经济利益的总流出。

小企业的费用包括：营业成本、营业税金及附加、销售费用、管理费用、财务费用等。

（一）营业成本，是指小企业所销售商品的成本和所提供劳务的成本。

（二）营业税金及附加，是指小企业开展日常生产经营活动应负担的消费税、营业税、城市维护建设税、资源税、土地增值税、城镇土地使用税、房产税、车船税、印花税和教育费附加、矿产资源补偿费、排污费等。

（三）销售费用，是指小企业在销售商品或提供劳务过程中发生的各种费用。包括：销售人员的职工薪酬、商品维修费、运输费、装卸费、包装费、保险费、广告费、业务宣传费、展览费等费用。

小企业（批发业、零售业）在购买商品过程中发生的费用（包括：运输费、装卸费、包装费、保险费、运输途中的合理损耗和入库前的挑选整理费等）也构成销售费用。

（四）管理费用，是指小企业为组织和管理生产经营发生的其他费用。包括：小企业在筹建期间内发生的开办费、行政管理部门发生的费用（包括：固定资产折旧费、修理费、办公费、水电费、差旅费、管理人员的职工薪酬等）、业务招待费、研究费用、技术转让费、相关长期待摊费用摊销、财产保险费、聘请中介机构费、咨询费（含顾问费）、诉讼费等费用。

（五）财务费用，是指小企业为筹集生产经营所需资金发生的筹资费用。包括：利息费用（减利息收入）、汇兑损失、银行相关手续费、小企业给予的现金折扣（减享受的现金折扣）等费用。

第六十六条 通常，小企业的费用应当在发生时按照其发生额计入当期损益。

小企业销售商品收入和提供劳务收入已予确认的，应当将已销售商品和已提供劳务的成本作为营业成本结转至当期损益。

第七章 利润及利润分配

第六十七条 利润，是指小企业在一定会计期间的经营成果。包括：营业利润、利润总额和净利润。

（一）营业利润，是指营业收入减去营业成本、营业税金及附加、销售费用、管理费用、财务费用，加上投资收益（或减去投资损失）后的金额。

前款所称营业收入，是指小企业销售商品和提供劳务实现的收入总额。投资收益，由小企业股权投资取得的现金股利（或利润）、债券投资取得的利息收入和处置股权投资和债券投资取得的处置价款扣除成本或账面余额、相关税费后的净额三部分构成。

（二）利润总额，是指营业利润加上营业外收入，减去营业外支出后的金额。

（三）净利润，是指利润总额减去所得税费用后的净额。

第六十八条 营业外收入，是指小企业非日常生产经营活动形成的、应当计入当期损益、会导致所有者权益增加、与所有者投入资本无关的经济利益的净流入。

小企业的营业外收入包括：非流动资产处置净收益、政府补助、捐赠收益、盘盈收益、汇兑收益、出租包装物和商品的租金收入、逾期未退包装物押金收益、确实无法偿付的应付款项、已作坏账损失处理后又收回的应收款项、违约金收益等。

通常，小企业的营业外收入应当在实现时按照其实现金额计入当期损益。

第六十九条 政府补助，是指小企业从政府无偿取得货币性资产或非货币性资产，但不含政府作为小企业所有者投入的资本。

（一）小企业收到与资产相关的政府补助，应当确认为递延收益，并在相关资产的使用寿命内平均分配，计入营业外收入。

收到的其他政府补助，用于补偿本企业以后期间的相关费用或亏损的，确认为递延收益，并在确认相关费用或发生亏损的期间，计入营业外收入；用于补偿本企业已发生的相关费用或亏损的，直接计入营业外收入。

（二）政府补助为货币性资产的，应当按照收到的金额计量。

政府补助为非货币性资产的，政府提供了有关凭据的，应当按照凭据上标明的金额计量；政府没有提供有关凭据的，应当按照同类或类似资产的市场价格或评估价值计量。

（三）小企业按照规定实行企业所得税、增值税、消费税、营业税等先征后返的，应当在实际收到返还的企业所得税、增值税（不含出口退税）、消费税、营业税时，计入营业外收入。

第七十条　营业外支出，是指小企业非日常生产经营活动发生的、应当计入当期损益、会导致所有者权益减少、与向所有者分配利润无关的经济利益的净流出。

小企业的营业外支出包括：存货的盘亏、毁损、报废损失，非流动资产处置净损失，坏账损失，无法收回的长期债券投资损失，无法收回的长期股权投资损失，自然灾害等不可抗力因素造成的损失，税收滞纳金，罚金，罚款，被没收财物的损失，捐赠支出，赞助支出等。

通常，小企业的营业外支出应当在发生时按照其发生额计入当期损益。

第七十一条　小企业应当按照企业所得税法规定计算的当期应纳税额，确认所得税费用。

小企业应当在利润总额的基础上，按照企业所得税法规定进行纳税调整，计算出当期应纳税所得额，按照应纳税所得额与适用所得税税率为基础计算确定当期应纳税额。

第七十二条　小企业以当年净利润弥补以前年度亏损等剩余的税后利润，可用于向投资者进行分配。

小企业（公司制）在分配当年税后利润时，应当按照公司法的规定提取法定公积金和任意公积金。

第八章　外币业务

第七十三条　小企业的外币业务由外币交易和外币财务报表折算构成。

第七十四条　外币交易，是指小企业以外币计价或者结算的交易。

小企业的外币交易包括：买入或者卖出以外币计价的商品或者劳务、借入或者借出外币资金和其他以外币计价或者结算的交易。

前款所称外币，是指小企业记账本位币以外的货币。记账本位币，是指小企业经营所处的主要经济环境中的货币。

第七十五条　小企业应当选择人民币作为记账本位币。业务收支以人民币以外的货币为主的小企业，可以选定其中一种货币作为记账本位币，但编报的财务报表应当折算为人民币财务报表。

小企业记账本位币一经确定，不得随意变更，但小企业经营所处的主要经济环境发生重大变化除外。

小企业因经营所处的主要经济环境发生重大变化，确需变更记账本位币的，应当采用变更当日的即期汇率将所有项目折算为变更后的记账本位币。

前款所称即期汇率，是指中国人民银行公布的当日人民币外汇牌价的中间价。

第七十六条 小企业对于发生的外币交易，应当将外币金额折算为记账本位币金额。

外币交易在初始确认时，采用交易发生日的即期汇率将外币金额折算为记账本位币金额；也可以采用交易当期平均汇率折算。

小企业收到投资者以外币投入的资本，应当采用交易发生日即期汇率折算，不得采用合同约定汇率和交易当期平均汇率折算。

第七十七条 小企业在资产负债表日，应当按照下列规定对外币货币性项目和外币非货币性项目进行会计处理：

（一）外币货币性项目，采用资产负债表日的即期汇率折算。因资产负债表日即期汇率与初始确认时或者前一资产负债表日即期汇率不同而产生的汇兑差额，计入当期损益。

（二）以历史成本计量的外币非货币性项目，仍采用交易发生日的即期汇率折算，不改变其记账本位币金额。

前款所称货币性项目，是指小企业持有的货币资金和将以固定或可确定的金额收取的资产或者偿付的负债。货币性项目分为货币性资产和货币性负债。货币性资产包括：库存现金、银行存款、应收账款、其他应收款等；货币性负债包括：短期借款、应付账款、其他应付款、长期借款、长期应付款等。非货币性项目，是指货币性项目以外的项目。包括：存货、长期股权投资、固定资产、无形资产等。

第七十八条 小企业对外币财务报表进行折算时，应当采用资产负债表日的即期汇率对外币资产负债表、利润表和现金流量表的所有项目进行折算。

第九章 财务报表

第七十九条 财务报表，是指对小企业财务状况、经营成果和现金流量的结构性表述。小企业的财务报表至少应当包括下列组成部分：

（一）资产负债表；

（二）利润表；

（三）现金流量表；

（四）附注。

第八十条 资产负债表，是指反映小企业在某一特定日期的财务状况的报表。

（一）资产负债表中的资产类至少应当单独列示反映下列信息的项目：

1. 货币资金；

2. 应收及预付款项；

3. 存货；

4. 长期债券投资；

5. 长期股权投资；

6. 固定资产；

7. 生产性生物资产；

8. 无形资产；

9. 长期待摊费用。

（二）资产负债表中的负债类至少应当单独列示反映下列信息的项目：

1. 短期借款；

2. 应付及预收款项；

3. 应付职工薪酬；

4. 应交税费；

5. 应付利息；

6. 长期借款；

7. 长期应付款。

（三）资产负债表中的所有者权益类至少应当单独列示反映下列信息的项目：

1. 实收资本；

2. 资本公积；

3. 盈余公积；

4. 未分配利润。

（四）资产负债表中的资产类应当包括流动资产和非流动资产的合计项目；负债类应当包括流动负债、非流动负债和负债的合计项目；所有者权益类应当包括所有者权益的合计项目。

资产负债表应当列示资产总计项目，负债和所有者权益总计项目。

第八十一条 利润表，是指反映小企业在一定会计期间的经营成果的报表。

费用应当按照功能分类，分为营业成本、营业税金及附加、销售费用、管理费用和财务费用等。

利润表至少应当单独列示反映下列信息的项目：

（一）营业收入；

（二）营业成本；

（三）营业税金及附加；

（四）销售费用；

（五）管理费用；

（六）财务费用；

（七）所得税费用；

（八）净利润。

第八十二条 现金流量表，是指反映小企业在一定会计期间现金流入和流出情况的报表。

现金流量表应当分别经营活动、投资活动和筹资活动列报现金流量。现金流量应当分别按照现金流入和现金流出总额列报。

前款所称现金，是指小企业的库存现金以及可以随时用于支付的存款和其他货币资金。

第八十三条 经营活动，是指小企业投资活动和筹资活动以外的所有交易和事项。

小企业经营活动产生的现金流量应当单独列示反映下列信息的项目：

（一）销售产成品、商品、提供劳务收到的现金；

（二）购买原材料、商品、接受劳务支付的现金；

（三）支付的职工薪酬；

（四）支付的税费。

第八十四条 投资活动，是指小企业固定资产、无形资产、其他非流动资产的购建和短期投资、长期债券投资、长期股权投资及其处置活动。

小企业投资活动产生的现金流量应当单独列示反映下列信息的项目：

（一）收回短期投资、长期债券投资和长期股权投资收到的现金；

（二）取得投资收益收到的现金；

（三）处置固定资产、无形资产和其他非流动资产收回的现金净额；

（四）短期投资、长期债券投资和长期股权投资支付的现金；

（五）购建固定资产、无形资产和其他非流动资产支付的现金。

第八十五条 筹资活动，是指导致小企业资本及债务规模和构成发生变化的活动。

小企业筹资活动产生的现金流量应当单独列示反映下列信息的项目：

（一）取得借款收到的现金；

（二）吸收投资者投资收到的现金；

（三）偿还借款本金支付的现金；

（四）偿还借款利息支付的现金；

（五）分配利润支付的现金。

第八十六条 附注，是指对在资产负债表、利润表和现金流量表等报表中列示项目的文字描述或明细资料，以及对未能在这些报表中列示项目的说明等。

附注应当按照下列顺序披露：

（一）遵循小企业会计准则的声明。

（二）短期投资、应收账款、存货、固定资产项目的说明。

（三）应付职工薪酬、应交税费项目的说明。

（四）利润分配的说明。

（五）用于对外担保的资产名称、账面余额及形成的原因；未决诉讼、未决仲裁以及对外提供担保所涉及的金额。

（六）发生严重亏损的，应当披露持续经营的计划、未来经营的方案。

（七）对已在资产负债表和利润表中列示项目与企业所得税法规定存在差异的纳税调整过程。

（八）其他需要在附注中说明的事项。

第八十七条 小企业应当根据实际发生的交易和事项，按照本准则的规定进行确认和计量，在此基础上按月或者按季编制财务报表。

第八十八条 小企业对会计政策变更、会计估计变更和会计差错更正应当采用未来适用法进行会计处理。

前款所称会计政策，是指小企业在会计确认、计量和报告中所采用的原则、基础和会计处理方法。会计估计变更，是指由于资产和负债的当前状况及预期经济利益和义务发生了变化，从而对资产或负债的账面价值或者资产的定期消耗金额进行调整。前期差错包括：计算错误、应用会计政策错误、应用会计估计错误等。未来适用法，是指将变更后的会计政策和会计估计应用于变更日及以后发生的交易或者事项，或者在会计差错发生或发现的当期更正差错的方法。

第十章 附 则

第八十九条 符合《中小企业划型标准规定》所规定的微型企业标准的企业参照执行本准则。

第九十条 本准则自 2013 年 1 月 1 日起施行。财政部 2004 年发布的《小企业会计制度》（财会［2004］2 号）同时废止。

中华人民共和国中小企业促进法

《中华人民共和国中小企业促进法》已由中华人民共和国第九届全国人民代表大会常务委员会第二十八次会议于 2002 年 6 月 29 日通过，现予公布，自 2003 年 1 月 1 日起施行。

中华人民共和国主席　江泽民

2002 年 6 月 29 日

第一章　总　　则

第一条　为了改善中小企业经营环境，促进中小企业健康发展，扩大城乡就业，发挥中小企业在国民经济和社会发展中的重要作用，制定本法。

第二条　本法所称中小企业，是指在中华人民共和国境内依法设立的有利于满足社会需要，增加就业，符合国家产业政策，生产经营规模属于中小型的各种所有制和各种形式的企业。

中小企业的划分标准由国务院负责企业工作的部门根据企业职工人数、销售额、资产总额等指标，结合行业特点制定，报国务院批准。

第三条　国家对中小企业实行积极扶持、加强引导、完善服务、依法规范、保障权益的方针，为中小企业创立和发展创造有利的环境。

第四条　国务院负责制定中小企业政策，对全国中小企业的发展进行统筹规划。

国务院负责企业工作的部门组织实施国家中小企业政策和规划，对全国中小企业工作进行综合协调、指导和服务。

国务院有关部门根据国家中小企业政策和统筹规划，在各自职责范围内对中小企业工作进行指导和服务。

县级以上地方各级人民政府及其所属的负责企业工作的部门和其他有关部门在各自职责范围内对本行政区域内的中小企业进行指导和服务。

第五条 国务院负责企业工作的部门根据国家产业政策，结合中小企业特点和发展状况，以制定中小企业发展产业指导目录等方式，确定扶持重点，引导鼓励中小企业发展。

第六条 国家保护中小企业及其出资人的合法投资，及因投资取得的合法收益。任何单位和个人不得侵犯中小企业财产及其合法收益。

任何单位不得违反法律、法规向中小企业收费和罚款，不得向中小企业摊派财物。中小企业对违反上述规定的行为有权拒绝和有权举报、控告。

第七条 行政管理部门应当维护中小企业的合法权益，保护其依法参与公平竞争与公平交易的权利，不得歧视，不得附加不平等的交易条件。

第八条 中小企业必须遵守国家劳动安全、职业卫生、社会保障、资源环保、质量、财政税收、金融等方面的法律、法规，依法经营管理，不得侵害职工合法权益，不得损害社会公共利益。

第九条 中小企业应当遵守职业道德，恪守诚实信用原则，努力提高业务水平，增强自我发展能力。

第二章　资金支持

第十条 中央财政预算应当设立中小企业科目，安排扶持中小企业发展专项资金。

地方人民政府应当根据实际情况为中小企业提供财政支持。

第十一条 国家扶持中小企业发展专项资金用于促进中小企业服务体系建设，开展支持中小企业的工作，补充中小企业发展基金和扶持中小企业发展的其他事项。

第十二条 国家设立中小企业发展基金。中小企业发展基金由下列资金组成：（一）中央财政预算安排的扶持中小企业发展专项资金；（二）基金收益；（三）捐赠；（四）其他资金。

国家通过税收政策，鼓励对中小企业发展基金的捐赠。

第十三条 国家中小企业发展基金用于下列扶持中小企业的事项：（一）创业辅导和服务；（二）支持建立中小企业信用担保体系；（三）支持技术创新；（四）鼓励专业化发展以及与大企业的协作配套；（五）支持中小企业服务机构开展人员培训、信息咨询等项工作；（六）支持中小企业开拓国际市场；（七）支持中小企业实施清洁生产；（八）其他事项。

中小企业发展基金的设立和使用管理办法由国务院另行规定。

第十四条 中国人民银行应当加强信贷政策指导，改善中小企业融资环境。

中国人民银行应当加强对中小金融机构的支持力度，鼓励商业银行调整信贷结构，加大对中小企业的信贷支持。

第十五条 各金融机构应当对中小企业提供金融支持，努力改进金融服务，转变服务作风，增强服务意识，提高服务质量。

各商业银行和信用社应当改善信贷管理，扩展服务领域，开发适应中小企业发展的金融产品，调整信贷结构，为中小企业提供信贷、结算、财务咨询、投资管理等方面的服务。

国家政策性金融机构应当在其业务经营范围内，采取多种形式，为中小企业提供金融服务。

第十六条 国家采取措施拓宽中小企业的直接融资渠道，积极引导中小企业创造条件，通过法律、行政法规允许的各种方式直接融资。

第十七条 国家通过税收政策鼓励各类依法设立的风险投资机构增加对中小企业的投资。

第十八条 国家推进中小企业信用制度建设，建立信用信息征集与评价体系，实现中小企业信用信息查询、交流和共享的社会化。

第十九条 县级以上人民政府和有关部门应当推进和组织建立中小企业信用担保体系，推动对中小企业的信用担保，为中小企业融资创造条件。

中小企业信用担保管理办法由国务院另行规定。

第二十条 国家鼓励各种担保机构为中小企业提供信用担保。

第二十一条 国家鼓励中小企业依法开展多种形式的互助性融资担保。

第三章 创业扶持

第二十二条 政府有关部门应当积极创造条件，提供必要的、相应的信息和咨询服务，在城乡建设规划中根据中小企业发展的需要，合理安排必要的场地和设施，支持创办中小企业。

失业人员、残疾人员创办中小企业的，所在地政府应当积极扶持，提供便利，加强指导。

政府有关部门应当采取措施，拓宽渠道，引导中小企业吸纳大中专学校毕业生就业。

第二十三条　国家在有关税收政策上支持和鼓励中小企业的创立和发展。

第二十四条　国家对失业人员创立的中小企业和当年吸纳失业人员达到国家规定比例的中小企业，符合国家支持和鼓励发展政策的高新技术中小企业，在少数民族地区、贫困地区创办的中小企业，安置残疾人员达到国家规定比例的中小企业，在一定期限内减征、免征所得税，实行税收优惠。

第二十五条　地方人民政府应当根据实际情况，为创业人员提供工商、财税、融资、劳动用工、社会保障等方面的政策咨询和信息服务。

第二十六条　企业登记机关应当依法定条件和法定程序办理中小企业设立登记手续，提高工作效率，方便登记者。不得在法律、行政法规规定之外设置企业登记的前置条件；不得在法律、行政法规规定的收费项目和收费标准之外，收取其他费用。

第二十七条　国家鼓励中小企业根据国家利用外资政策，引进国外资金、先进技术和管理经验，创办中外合资经营、中外合作经营企业。

第二十八条　国家鼓励个人或者法人依法以工业产权或者非专利技术等投资参与创办中小企业。

第四章　技术创新

第二十九条　国家制定政策，鼓励中小企业按照市场需要，开发新产品，采用先进的技术、生产工艺和设备，提高产品质量，实现技术进步。

中小企业技术创新项目以及为大企业产品配套的技术改造项目，可以享受贷款贴息政策。

第三十条　政府有关部门应当在规划、用地、财政等方面提供政策支持，推进建立各类技术服务机构，建立生产力促进中心和科技企业孵化基地，为中小企业提供技术信息、技术咨询和技术转让服务，为中小企业产品研制、技术开发提供服务，促进科技成果转化，实现企业技术、产品升级。

第三十一条　国家鼓励中小企业与研究机构、大专院校开展技术合作、开发与交流，促进科技成果产业化，积极发展科技型中小企业。

第五章　市场开拓

第三十二条　国家鼓励和支持大企业与中小企业建立以市场配置资源为基础的、稳定的原材料供应、生产、销售、技术开发和技术改造等方面的协作关系，带动和促进中小企业发展。

第三十三条　国家引导、推动并规范中小企业通过合并、收购等方式，进行资产重组，优化资源配置。

第三十四条　政府采购应当优先安排向中小企业购买商品或者服务。

第三十五条　政府有关部门和机构应当为中小企业提供指导和帮助，促进中小企业产品出口，推动对外经济技术合作与交流。

国家有关政策性金融机构应当通过开展进出口信贷、出口信用保险等业务，支持中小企业开拓国外市场。

第三十六条　国家制定政策，鼓励符合条件的中小企业到境外投资，参与国际贸易，开拓国际市场。

第三十七条　国家鼓励中小企业服务机构举办中小企业产品展览展销和信息咨询活动。

第六章　社会服务

第三十八条　国家鼓励社会各方面力量，建立健全中小企业服务体系，为中小企业提供服务。

第三十九条　政府根据实际需要扶持建立的中小企业服务机构，应当为中小企业提供优质服务。

中小企业服务机构应当充分利用计算机网络等先进技术手段，逐步建立健全向全社会开放的信息服务系统。

中小企业服务机构联系和引导各类社会中介机构为中小企业提供服务。

第四十条　国家鼓励各类社会中介机构为中小企业提供创业辅导、企业诊断、信息咨询、市场营销、投资融资、贷款担保、产权交易、技术支持、人才引进、人员培训、对外合作、展览展销和法律咨询等服务。

第四十一条　国家鼓励有关机构、大专院校培训中小企业经营管理及生产技术等方面的人员，提高中小企业营销、管理和技术水平。

第四十二条　行业的自律性组织应当积极为中小企业服务。

第四十三条　中小企业自我约束、自我服务的自律性组织，应当维护中小企业的合法权益，反映中小企业的建议和要求，为中小企业开拓市场、提高经营管理能力提供服务。

第七章 附 则

第四十四条 省、自治区、直辖市可以根据本地区中小企业的情况，制定有关的实施办法。

第四十五条 本法自 2003 年 1 月 1 日起施行。

关于印发中小企业划型标准规定的通知

工信部联企业［2011］300 号

各省、自治区、直辖市人民政府，国务院各部委、各直属机构及有关单位：

为贯彻落实《中华人民共和国中小企业促进法》和《国务院关于进一步促进中小企业发展的若干意见》（国发［2009］36 号），工业和信息化部、国家统计局、发展改革委、财政部研究制定了《中小企业划型标准规定》。经国务院同意，现印发给你们，请遵照执行。

工业和信息化部　　国家统计局

国家发展和改革委员会　财政部

二〇一一年六月十八日

中小企业划型标准规定

一、根据《中华人民共和国中小企业促进法》和《国务院关于进一步促进中小企业发展的若干意见》（国发［2009］36 号），制定本规定。

二、中小企业划分为中型、小型、微型三种类型，具体标准根据企业从业人员、营业收入、资产总额等指标，结合行业特点制定。

三、本规定适用的行业包括：农、林、牧、渔业，工业（包括采矿业，制造业，电力、热力、燃气及水生产和供应业），建筑业，批发业，零售业，交通运输业（不含铁路运输业），仓储业，邮政业，住宿业，餐饮业，信息传输业（包括电信、互联网和相关服务），软件和信息技术服务业，房地产开发经营，物业管理，租赁和商务服务业，其他未列明行业（包括科学研究和技术服务业，水利、环境和公共设施管理业，居民服务、修理和其他服务业，社会工作，文化、体育和娱乐业等）。

四、各行业划型标准为：

（一）农、林、牧、渔业。营业收入 20000 万元以下的为中小微型企业。其中，营业收入 500 万元及以上的为中型企业，营业收入 50 万元及以上的为小型企业，营业收入 50 万元以下的为微型企业。

（二）工业。从业人员 1000 人以下或营业收入 40000 万元以下的为中小微型企业。其中，从业人员 300 人及以上，且营业收入 2000 万元及以上的为中型企业；从业人员 20 人及以上，且营业收入 300 万元及以上的为小型企业；从业人员 20 人以下或营业收入 300 万元以下的为微型企业。

（三）建筑业。营业收入 80000 万元以下或资产总额 80000 万元以下的为中小微型企业。其中，营业收入 6000 万元及以上，且资产总额 5000 万元及以上的为中型企业；营业收入 300 万元及以上，且资产总额 300 万元及以上的为小型企业；营业收入 300 万元以下或资产总额 300 万元以下的为微型企业。

（四）批发业。从业人员 200 人以下或营业收入 40000 万元以下的为中小微型企业。其中，从业人员 20 人及以上，且营业收入 5000 万元及以上的为中型企业；从业人员 5 人及以上，且营业收入 1000 万元及以上的为小型企业；从业人员 5 人以下或营业收入 1000 万元以下的为微型企业。

（五）零售业。从业人员 300 人以下或营业收入 20000 万元以下的为中小微型企业。其中，从业人员 50 人及以上，且营业收入 500 万元及以上的为中型企业；从业人员 10 人及以上，且营业收入 100 万元及以上的为小型企业；从业人员 10 人以下或营业收入 100 万元以下的为微型企业。

（六）交通运输业。从业人员 1000 人以下或营业收入 30000 万元以下的为中小微型企业。其中，从业人员 300 人及以上，且营业收入 3000 万元及以上的为中型企业；从业人员 20 人及以上，且营业收入 200 万元及以上的为小型企业；从业人员 20 人以下或营业收入 200 万元以下的为微型企业。

（七）仓储业。从业人员 200 人以下或营业收入 30000 万元以下的为中小微型企业。其中，从业人员 100 人及以上，且营业收入 1000 万元及以上的为中型企业；从业人员 20 人及以上，且营业收入 100 万元及以上的为小型企业；从业人员 20 人以下或营业收入 100 万元以下的为微型企业。

（八）邮政业。从业人员 1000 人以下或营业收入 30000 万元以下的为中小微型企业。其中，从业人员 300 人及以上，且营业收入 2000 万元及以上的为中型企业；从业人员 20 人及以上，且营业收入 100 万元及以上的为小型企业；从业人员 20 人以下或营业收入 100 万元以下的为微型企业。

（九）住宿业。从业人员 300 人以下或营业收入 10000 万元以下的为中小微型企业。其中，从业人员 100 人及以上，且营业收入 2000 万元及以上的为中型企业；从业人员 10 人及以上，且营业收入 100 万元及以上的为小型企业；从业人员 10 人以下或营业收入 100 万元以下的为微型企业。

（十）餐饮业。从业人员 300 人以下或营业收入 10000 万元以下的为中小微型企业。其中，从业人员 100 人及以上，且营业收入 2000 万元及以上的为中型企业；从业人员 10 人及以上，且营业收入 100 万元及以上的为小型企业；从业人员 10 人以下或营业收入 100 万元以下的为微型企业。

（十一）信息传输业。从业人员 2000 人以下或营业收入 100000 万元以下的为中小微型企业。其中，从业人员 100 人及以上，且营业收入 1000 万元及以上的为中型企业；从业人员 10 人及以上，且营业收入 100 万元及以上的为小型企业；从业人员 10 人以下或营业收入 100 万元以下的为微型企业。

（十二）软件和信息技术服务业。从业人员 300 人以下或营业收入 10000 万元以下的为中小微型企业。其中，从业人员 100 人及以上，且营业收入 1000 万元及以上的为中型企业；从业人员 10 人及以上，且营业收入 50 万元及以上的为小型企业；从业人员 10 人以下或营业收入 50 万元以下的为微型企业。

（十三）房地产开发经营。营业收入 200000 万元以下或资产总额 10000 万元以下的为中小微型企业。其中，营业收入 1000 万元及以上，且资产总额 5000 万元及以上的为中型企业；营业收入 100 万元及以上，且资产总额 2000 万元及以上的为小型企业；营业收入 100 万元以下或资产总额 2000 万元以下的为微型企业。

（十四）物业管理。从业人员 1000 人以下或营业收入 5000 万元以下的为中小微型企业。其中，从业人员 300 人及以上，且营业收入 1000 万元及以上的为中型企业；从业人员 100 人及以上，且营业收入 500 万元及以上的为小型企业；从业人员 100 人以下或营业收入 500 万元以下的为微型企业。

（十五）租赁和商务服务业。从业人员 300 人以下或资产总额 120000 万元以下的为中小微型企业。其中，从业人员 100 人及以上，且资产总额 8000 万元及以上的为中型企业；从业人员 10 人及以上，且资产总额 100 万元及以上的为小型企业；从业人员 10 人以下或资产总额 100 万元以下的为微型企业。

（十六）其他未列明行业。从业人员 300 人以下的为中小微型企业。其中，从业人员 100 人及以上的为中型企业；从业人员 10 人及以上的为小型企业；从业人员 10 人以下的为微型企业。

五、企业类型的划分以统计部门的统计数据为依据。

六、本规定适用于在中华人民共和国境内依法设立的各类所有制和各种组织形式的企业。个体工商户和本规定以外的行业，参照本规定进行划型。

七、本规定的中型企业标准上限即为大型企业标准的下限，国家统计部门据此制定大中小微型企业的统计分类。国务院有关部门据此进行相关数据分析，不得制定与本规定不一致的企业划型标准。

八、本规定由工业和信息化部、国家统计局会同有关部门根据《国民经济行业分类》修订情况和企业发展变化情况适时修订。

九、本规定由工业和信息化部、国家统计局会同有关部门负责解释。

十、本规定自发布之日起执行，原国家经贸委、原国家计委、财政部和国家统计局2003年颁布的《中小企业标准暂行规定》同时废止。

中华人民共和国会计法

《中华人民共和国会计法》已由中华人民共和国第九届全国人民代表大会常务委员会第十二次会议于 1999 年 10 月 31 日修订通过，现将修订后的《中华人民共和国会计法》公布，自 2000 年 7 月 1 日起施行。

中华人民共和国主席　江泽民

1999 年 10 月 31 日

第一章　总　　则

第一条　为了规范会计行为，保证会计资料真实、完整，加强经济管理和财务管理，提高经济效益，维护社会主义市场经济秩序，制定本法。

第二条　国家机关、社会团体、公司、企业、事业单位和其他组织（以下统称单位）必须依照本法办理会计事务。

第三条　各单位必须依法设置会计账簿，并保证其真实、完整。

第四条　单位负责人对本单位的会计工作和会计资料的真实性、完整性负责。

第五条　会计机构、会计人员依照本法规定进行会计核算，实行会计监督。

任何单位或者个人不得以任何方式授意、指使、强令会计机构、会计人员伪造、变造会计凭证、会计账簿和其他会计资料，提供虚假财务会计报告。

任何单位或者个人不得对依法履行职责、抵制违反本法规定行为的会计人员实行打击报复。

第六条　对认真执行本法，忠于职守，坚持原则，做出显著成绩的会计人员，给予精神的或者物质的奖励。

第七条　国务院财政部门主管全国的会计工作。

县级以上地方各级人民政府财政部门管理本行政区域内的会计工作。

第八条 国家实行统一的会计制度。国家统一的会计制度由国务院财政部门根据本法制定并公布。

国务院有关部门可以依照本法和国家统一的会计制度制定对会计核算和会计监督有特殊要求的行业实施国家统一的会计制度的具体办法或者补充规定，报国务院财政部门审核批准。

中国人民解放军总后勤部可以依照本法和国家统一的会计制度制定军队实施国家统一的会计制度的具体办法，报国务院财政部门备案。

第二章　会计核算

第九条 各单位必须根据实际发生的经济业务事项进行会计核算，填制会计凭证，登记会计账簿，编制财务会计报告。

任何单位不得以虚假的经济业务事项或者资料进行会计核算。

第十条 下列经济业务事项，应当办理会计手续，进行会计核算：

（一）款项和有价证券的收付；

（二）财物的收发、增减和使用；

（三）债权债务的发生和结算；

（四）资本、基金的增减；

（五）收入、支出、费用、成本的计算；

（六）财务成果的计算和处理；

（七）需要办理会计手续、进行会计核算的其他事项。

第十一条 会计年度自公历 1 月 1 日起至 12 月 31 日止。

第十二条 会计核算以人民币为记账本位币。

业务收支以人民币以外的货币为主的单位，可以选定其中一种货币作为记账本位币，但是编报的财务会计报告应当折算为人民币。

第十三条 会计凭证、会计账簿、财务会计报告和其他会计资料，必须符合国家统一的会计制度的规定。

使用电子计算机进行会计核算的，其软件及其生成的会计凭证、会计账簿、财务会计报告和其他会计资料，也必须符合国家统一的会计制度的规定。

任何单位和个人不得伪造、变造会计凭证、会计账簿及其他会计资料，不得提供虚假的财务会计报告。

第十四条 会计凭证包括原始凭证和记帐凭证。

办理本法第十条所列的经济业务事项，必须填制或者取得原始凭证并及时送交会计机构。

会计机构、会计人员必须按照国家统一的会计制度的规定对原始凭证进行审核，对不真实、不合法的原始凭证有权不予接受，并向单位负责人报告；对记载不准确、不完整的原始凭证予以退回，并要求按照国家统一的会计制度的规定更正、补充。

原始凭证记载的各项内容均不得涂改；原始凭证有错误的，应当由出具单位重开或者更正，更正处应当加盖出具单位印章。原始凭证金额有错误的，应当由出具单位重开，不得在原始凭证上更正。

记帐凭证应当根据经过审核的原始凭证及有关资料编制。

第十五条 会计账簿登记，必须以经过审核的会计凭证为依据，并符合有关法律、行政法规和国家统一的会计制度的规定。会计账簿包括总账、明细账、日记账和其他辅助性账簿。

会计账簿应当按照连续编号的页码顺序登记。会计账簿记录发生错误或者隔页、缺号、跳行的，应当按照国家统一的会计制度规定的方法更正，并由会计人员和会计机构负责人（会计主管人员）在更正处盖章。

使用电子计算机进行会计核算的，其会计账簿的登记、更正，应当符合国家统一的会计制度的规定。

第十六条 各单位发生的各项经济业务事项应当在依法设置的会计账簿上统一登记、核算，不得违反本法和国家统一的会计制度的规定私设会计账簿登记、核算。

第十七条 各单位应当定期将会计账簿记录与实物、款项及有关资料相互核对，保证会计账簿记录与实物及款项的实有数额相符、会计账簿记录与会计凭证的有关内容相符、会计账簿之间相对应的记录相符、会计账簿记录与会计报表的有关内容相符。

第十八条 各单位采用的会计处理方法，前后各期应当一致，不得随意变更；确有必要变更的，应当按照国家统一的会计制度的规定变更，并将变更的原因、情况及影响在财务会计报告中说明。

第十九条 单位提供的担保、未决诉讼等或有事项，应当按照国家统一的会计制度的规定，在财务会计报告中予以说明。

第二十条 财务会计报告应当根据经过审核的会计账簿记录和有关资料编制，并符合本法和国家统一的会计制度关于财务会计报告的编制要求、提供对象和提供期限的规定；其他法律、行政法规另有规定的，从其规定。

财务会计报告由会计报表、会计报表附注和财务情况说明书组成。向不同的会计资料使用者提供的财务会计报告，其编制依据应当一致。有关法律、行政法规规定会计报表、会计报表附注和财务情况说明书须经注册会计师审计的，注册会计师及其所在的会计师事务所出具的审计报告应当随同财务会计报告一并提供。

第二十一条 财务会计报告应当由单位负责人和主管会计工作的负责人、会计机构负责人（会计主管人员）签名并盖章；设置总会计师的单位，还须由总会计师签名并盖章。

单位负责人应当保证财务会计报告真实、完整。

第二十二条 会计记录的文字应当使用中文。在民族自治地方，会计记录可以同时使用当地通用的一种民族文字。在中华人民共和国境内的外商投资企业、外国企业和其他外国组织的会计记录可以同时使用一种外国文字。

第二十三条 各单位对会计凭证、会计账簿、财务会计报告和其他会计资料应当建立档案，妥善保管。会计档案的保管期限和销毁办法，由国务院财政部门会同有关部门制定。

第三章　公司、企业会计核算的特别规定

第二十四条 公司、企业进行会计核算，除应当遵守本法第二章的规定外，还应当遵守本章规定。

第二十五条 公司、企业必须根据实际发生的经济业务事项，按照国家统一的会计制度的规定确认、计量和记录资产、负债、所有者权益、收入、费用、成本和利润。

第二十六条 公司、企业进行会计核算不得有下列行为：

（一）随意改变资产、负债、所有者权益的确认标准或者计量方法，虚列、多列、不列或者少列资产、负债、所有者权益；

（二）虚列或者隐瞒收入，推迟或者提前确认收入；

（三）随意改变费用、成本的确认标准或者计量方法，虚列、多列、不列或者少列费用、成本；

（四）随意调整利润的计算、分配方法，编造虚假利润或者隐瞒利润；

（五）违反国家统一的会计制度规定的其他行为。

第四章　会计监督

　　第二十七条　各单位应当建立、健全本单位内部会计监督制度。单位内部会计监督制度应当符合下列要求：

　　（一）记账人员与经济业务事项和会计事项的审批人员、经办人员、财物保管人员的职责权限应当明确，并相互分离、相互制约；

　　（二）重大对外投资、资产处置、资金调度和其他重要经济业务事项的决策和执行的相互监督、相互制约程序应当明确；

　　（三）财产清查的范围、期限和组织程序应当明确；

　　（四）对会计资料定期进行内部审计的办法和程序应当明确。

　　第二十八条　单位负责人应当保证会计机构、会计人员依法履行职责，不得授意、指使、强令会计机构、会计人员违法办理会计事项。

　　会计机构、会计人员对违反本法和国家统一的会计制度规定的会计事项，有权拒绝办理或者按照职权予以纠正。

　　第二十九条　会计机构、会计人员发现会计账簿记录与实物、款项及有关资料不相符的，按照国家统一的会计制度的规定有权自行处理的，应当及时处理；无权处理的，应当立即向单位负责人报告，请求查明原因，作出处理。

　　第三十条　任何单位和个人对违反本法和国家统一的会计制度规定的行为，有权检举。收到检举的部门有权处理的，应当依法按照职责分工及时处理；无权处理的，应当及时移送有权处理的部门处理。收到检举的部门、负责处理的部门应当为检举人保密，不得将检举人姓名和检举材料转给被检举单位和被检举人个人。

　　第三十一条　有关法律、行政法规规定，须经注册会计师进行审计的单位，应当向受委托的会计师事务所如实提供会计凭证、会计账簿、财务会计报告和其他会计资料以及有关情况。

　　任何单位或者个人不得以任何方式要求或者示意注册会计师及其所在的会计师事务所出具不实或者不当的审计报告。

　　财政部门有权对会计师事务所出具审计报告的程序和内容进行监督。

　　第三十二条　财政部门对各单位的下列情况实施监督：

　　（一）是否依法设置会计账簿；

　　（二）会计凭证、会计账簿、财务会计报告和其他会计资料是否真实、完整；

（三）会计核算是否符合本法和国家统一的会计制度的规定；

（四）从事会计工作的人员是否具备从业资格。

在对前款第（二）项所列事项实施监督，发现重大违法嫌疑时，国务院财政部门及其派出机构可以向与被监督单位有经济业务往来的单位和被监督单位开立账户的金融机构查询有关情况，有关单位和金融机构应当给予支持。

第三十三条 财政、审计、税务、人民银行、证券监管、保险监管等部门应当依照有关法律、行政法规规定的职责，对有关单位的会计资料实施监督检查。

前款所列监督检查部门对有关单位的会计资料依法实施监督检查后，应当出具检查结论。有关监督检查部门已经作出的检查结论能够满足其他监督检查部门履行本部门职责需要的，其他监督检查部门应当加以利用，避免重复查账。

第三十四条 依法对有关单位的会计资料实施监督检查的部门及其工作人员对在监督检查中知悉的国家秘密和商业秘密负有保密义务。

第三十五条 各单位必须依照有关法律、行政法规的规定，接受有关监督检查部门依法实施的监督检查，如实提供会计凭证、会计账簿、财务会计报告和其他会计资料以及有关情况，不得拒绝、隐匿、谎报。

第五章　会计机构和会计人员

第三十六条 各单位应当根据会计业务的需要，设置会计机构，或者在有关机构中设置会计人员并指定会计主管人员；不具备设置条件的，应当委托经批准设立从事会计代理记账业务的中介机构代理记账。

国有的和国有资产占控股地位或者主导地位的大、中型企业必须设置总会计师。总会计师的任职资格、任免程序、职责权限由国务院规定。

第三十七条 会计机构内部应当建立稽核制度。

出纳人员不得兼任稽核、会计档案保管和收入、支出、费用、债权债务账目的登记工作。

第三十八条 从事会计工作的人员，必须取得会计从业资格证书。

担任单位会计机构负责人（会计主管人员）的，除取得会计从业资格证书外，还应当具备会计师以上专业技术职务资格或者从事会计工作三年以上经历。

会计人员从业资格管理办法由国务院财政部门规定。

第三十九条 会计人员应当遵守职业道德，提高业务素质。对会计人员的教育和培训工作应当加强。

第四十条　因有提供虚假财务会计报告，做假账，隐匿或者故意销毁会计凭证、会计账簿、财务会计报告，贪污，挪用公款，职务侵占等与会计职务有关的违法行为被依法追究刑事责任的人员，不得取得或者重新取得会计从业资格证书。

除前款规定的人员外，因违法违纪行为被吊销会计从业资格证书的人员，自被吊销会计从业资格证书之日起五年内，不得重新取得会计从业资格证书。

第四十一条　会计人员调动工作或者离职，必须与接管人员办清交接手续。

一般会计人员办理交接手续，由会计机构负责人（会计主管人员）监交；会计机构负责人（会计主管人员）办理交接手续，由单位负责人监交，必要时主管单位可以派人会同监交。

第六章　法律责任

第四十二条　违反本法规定，有下列行为之一的，由县级以上人民政府财政部门责令限期改正，可以对单位并处三千元以上五万元以下的罚款；对其直接负责的主管人员和其他直接责任人员，可以处二千元以上二万元以下的罚款；属于国家工作人员的，还应当由其所在单位或者有关单位依法给予行政处分：

（一）不依法设置会计账簿的；

（二）私设会计账簿的；

（三）未按照规定填制、取得原始凭证或者填制、取得的原始凭证不符合规定的；

（四）以未经审核的会计凭证为依据登记会计账簿或者登记会计账簿不符合规定的；

（五）随意变更会计处理方法的；

（六）向不同的会计资料使用者提供的财务会计报告编制依据不一致的；

（七）未按照规定使用会计记录文字或者记账本位币的；

（八）未按照规定保管会计资料，致使会计资料毁损、灭失的；

（九）未按照规定建立并实施单位内部会计监督制度或者拒绝依法实施的监督或者不如实提供有关会计资料及有关情况的；

（十）任用会计人员不符合本法规定的。

有前款所列行为之一，构成犯罪的，依法追究刑事责任。

会计人员有第一款所列行为之一，情节严重的，由县级以上人民政府财政部门吊销会计从业资格证书。

有关法律对第一款所列行为的处罚另有规定的，依照有关法律的规定办理。

第四十三条　伪造、变造会计凭证、会计账簿，编制虚假财务会计报告，构成犯罪的，依法追究刑事责任。

有前款行为，尚不构成犯罪的，由县级以上人民政府财政部门予以通报，可以对单位并处五千元以上十万元以下的罚款；对其直接负责的主管人员和其他直接责任人员，可以处三千元以上五万元以下的罚款；属于国家工作人员的，还应当由其所在单位或者有关单位依法给予撤职直至开除的行政处分；对其中的会计人员，并由县级以上人民政府财政部门吊销会计从业资格证书。

第四十四条　隐匿或者故意销毁依法应当保存的会计凭证、会计账簿、财务会计报告，构成犯罪的，依法追究刑事责任。

有前款行为，尚不构成犯罪的，由县级以上人民政府财政部门予以通报，可以对单位并处五千元以上十万元以下的罚款；对其直接负责的主管人员和其他直接责任人员，可以处三千元以上五万元以下的罚款；属于国家工作人员的，还应当由其所在单位或者有关单位依法给予撤职直至开除的行政处分；对其中的会计人员，并由县级以上人民政府财政部门吊销会计从业资格证书。

第四十五条　授意、指使、强令会计机构、会计人员及其他人员伪造、变造会计凭证、会计账簿，编制虚假财务会计报告或者隐匿、故意销毁依法应当保存的会计凭证、会计账簿、财务会计报告，构成犯罪的，依法追究刑事责任；尚不构成犯罪的，可以处五千元以上五万元以下的罚款；属于国家工作人员的，还应当由其所在单位或者有关单位依法给予降级、撤职、开除的行政处分。

第四十六条　单位负责人对依法履行职责、抵制违反本法规定行为的会计人员以降级、撤职、调离工作岗位、解聘或者开除等方式实行打击报复，构成犯罪的，依法追究刑事责任；尚不构成犯罪的，由其所在单位或者有关单位依法给予行政处分。对受打击报复的会计人员，应当恢复其名誉和原有职务、级别。

第四十七条　财政部门及有关行政部门的工作人员在实施监督管理中滥用职权、玩忽职守、徇私舞弊或者泄露国家秘密、商业秘密，构成犯罪的，依法追究刑事责任；尚不构成犯罪的，依法给予行政处分。

第四十八条　违反本法第三十条规定，将检举人姓名和检举材料转给被检举单位和被检举人个人的，由所在单位或者有关单位依法给予行政处分。

第四十九条　违反本法规定，同时违反其他法律规定的，由有关部门在各自职权范围内依法进行处罚。

第七章　附　　则

第五十条　本法下列用语的含义：

单位负责人，是指单位法定代表人或者法律、行政法规规定代表单位行使职权的主要负责人。

国家统一的会计制度，是指国务院财政部门根据本法制定的关于会计核算，会计监督、会计机构和会计人员以及会计工作管理的制度。

第五十一条　个体工商户会计管理的具体办法，由国务院财政部门根据本法的原则另行规定。

第五十二条　本法自 2000 年 7 月 1 日起施行。

企业财务会计报告条例

中华人民共和国国务院令第 287 号

现公布《企业财务会计报告条例》，自 2001 年 1 月 1 日起施行。

总　理　朱镕基

二〇〇〇年六月二十一日

第一章　总　　则

第一条　为了规范企业财务会计报告，保证财务会计报告的真实、完整，根据《中华人民共和国会计法》，制定本条例。

第二条　企业（包括公司，下同）编制和对外提供财务会计报告，应当遵守本条例。本条例所称财务会计报告，是指企业对外提供的反映企业某一特定日期财务状况和某一会计期间经营成果、现金流量的文件。

第三条　企业不得编制和对外提供虚假的或者隐瞒重要事实的财务会计报告。企业负责人对本企业财务会计报告的真实性、完整性负责。

第四条　任何组织或者个人不得授意、指使、强令企业编制对外提供虚假的或者隐瞒重要事实的财务会计报告。

第五条　注册会计师、会计师事务所审计企业财务会计报告，应当依照有关法律、行政法规以及注册会计师执业规则的规定进行，并对所出具的审计报告负责。

第二章　财务会计报告的构成

第六条　财务会计报告分为年度、半年度、季度和月度财务会计报告。

第七条　年度、半年度财务会计报告应当包括：

（一）会计报表；

（二）会计报表附注；

（三）财务情况说明书。

会计报表应当包括资产负债表、利润表、现金流量表及相关附表。

第八条　季度、月度财务会计报告通常仅指会计报表，会计报表至少应当包括资产负债表和利润表。国家统一的会计制度规定季度、月度财务会计报告需要编制会计报表附注的，从其规定。

第九条　资产负债表是反映企业在某一特定日期财务状况的报表。资产负债表应当按照资产、负债和所有者权益（或者股东权益，下同）分类分项列示。其中，资产、负债和所有者权益的定义及列示应当遵循下列规定：

（一）资产，是指为过去的交易、事项形成并由企业拥有或者控制的资源，该资源预期会给企业带来经济利益。在资产负债表上，资产应当按照其流动性分类分项列示，包括流动资产、长期投资、固定资产、无形资产及其他资产。银行、保险公司和非银行金融机构的各项资产有特殊性的，按照其性质分类分项列示。

（二）负债，是指过去的交易、事项形成的现时义务，履行该义务预期会导致经济利益流出企业。在资产负债表上，负债应当按照其流动性分类分项列示，包括流动负债、长期负债等。银行、保险公司和非银行金融机构的各项负债有特殊性的，按照其性质分类分项列示。

（三）所有者权益，是指所有者在企业资产中享有的经济利益，其金额为资产减去负债后的余额。在资产负债表上，所有者权益应当按照实收资本（或者股东）、资本公积、盈余公积、未分配利润等项目分项列示。

第十条　利润表是反映企业在一定会计期间经营成果的报表。利润表应当按照各项收入、费用以及构成利润的各个项目分类分项列示。其中，收入、费用和利润的定义及列示应当遵循下列规定：

（一）收入，是指企业在销售商品、提供劳务及让渡资产使用权等日常活动中所形成的经济利益的总流入。收入不包括为第三方或者客户代收的款项。在利润表上，收入应当按照其重要性分项列示。

（二）费用，是指企业为销售商品、提供劳务等日常活动所发生的经济利益的流出。在利润表上，费用应当按照其性质分项列示。

（三）利润，是指企业在一定会计期间的经营成果。在利润表上，利润应当按照营业利润、利润总额和净利润等利润的构成分类分项列示。

第十一条　现金流量表是反映企业一定会计期间现金和现金等价物（以下简称现金）流入和流出的报表。现金流量表应当按照经营活动、投资活动和筹资活动的现金流量分类分项列示。其中，经营活动、投资活动和筹资活动的定义及列示应当遵循下列规定：

（一）经营活动，是指企业投资活动和筹资活动以外的所有交易和事项。在现金流量表上，经营活动的现金流量应当按照其经营活动的现金流入和流出的性质分项列示；银行、保险公司和非银行金融机构的经营活动按照其经营活动特点分项列示。

（二）投资活动，是指企业长期资产的购建和不包括在现金等价物范围内的投资及其处置活动。在现金流量表上，投资活动的现金流量应当按照其投资活动的现金流入和流出的性质分项列示。

（三）筹资活动，是指导致企业资本及债务规模和构成发生变化的活动。在现金流量表上，筹资活动的现金流量应当按照其筹资活动的现金流入和流出的性质分项列示。

第十二条　相关附表是反映企业财力状况、经营成果和现金流量的补充报表，主要包括利润分配表以及国家统一的会计制度规定的其他附表。利润分配表是反映企业一定会计期间对实现净利润以及前年度未分配利润的分配或者亏损弥补的报表。利润分配表应当按照利润分配各个项目分类分项列示。

第十三条　年度、半年度会计报表至少应当反映两个年度或者相关两个期间的比较数据。

第十四条　会计报表附注是为便于会计报表使用者理解会计报表的内容而对会计报表的编制基础、编制依据、编制原则和方法及主要项目等所作的解释。会计报表附注至少应当包括下列内容：

（一）不符合基本会计假设的说明；

（二）重要会计政策和会计估计及其变更情况、变更原因及其对财务状况和经营成果的影响；

（三）或有事项和资产负债表日后事项的说明；

（四）关联方关系及其交易的说明；

（五）重要资产转让及其出售情况；

（六）企业合并、分立；

（七）重大投资、融资活动；

（八）会计报表中重要项目的明细资料；

（九）有助于理解和分析会计报表需要说明的其他事项。

第十五条 财务情况说明书至少应当对下列情况作出说明：

（一）企业生产经营的基本情况；

（二）利润实现和分配情况；

（三）资金增减和周转情况；

（四）对企业财务状况、经营成果和现金流量有重大影响的其他事项。

第三章　财务会计报告的编制

第十六条 企业应当于年度终了编报年度财务会计报告。国家统一的会计制度规定企业应当编报半年度、季度和月度财务会计报告的，从其规定。

第十七条 企业编制财务会计报告，应当根据真实的交易、事项以及完整、准确的账簿记录等资料，并按照国家统一的会计制度规定的编制基础、编制依据、编制原则和方法。

企业不得违反本条例和国家统一的会计制度规定，随意改变财务会计报告的编制基础、编制依据、编制原则和方法。

任何组织或者个人不得授意、指使、强令企业违反本条例和国家统一的会计制度规定，改变财务会计报告的编制基础、编制依据、编制原则和方法。

第十八条 企业应当依照本条例和国家统一的会计制度规定，对会计报表中各项会计要素进行合理的确认和计量，不得随意改变会计要素的确认和计量标准。

第十九条 企业应当依照有关法律、行政法规和本条例规定的结账日进行结账，不得提前或者延迟。年度结账日为公历年度每年的 12 月 31 日；半年度、季度、月度结账日分别为公历年度每半年、每季、每月的最后一天。

第二十条 企业在编制年度财务会计报告前，应当按照下列规定，全面清查资产、核实债务：

（一）结算款项，包括应收款项、应付款项、应交税金等是否存在，与债务、债权单位的相应债务、债权金额是否一致；

（二）原材料、在产品、自制半成品、库存商品等各项存货的实存数量与账面数量是否一致，是否有报废损失和积压物资等；

（三）帐面投资是否存在，投资收益是否按照国家统一的会计制度规定进行确认和计量；

（四）房屋建筑物、机器设备、运输工具等各项固定资产的实存数量与账面数量是否一致；

（五）在建工程的实际发生额与账面记录是否一致；

（六）需要清查、核实的其他内容。

企业通过前款规定的清查、核实，查明财产物资的实存数量与账面数量是否一致、各项结算款项的拖欠情况及其原因、材料物资的实际储备情况、各项投资是否达到预期目的、固定资产的使用情况及其完好程度等。企业清查、核实后，应当将清查、核实的结果及其处理办法向企业的董事会或者相应机构报告，并根据国家统一的会计制度的规定进行相应的会计处理。

企业应当在年度中间根据具体情况，对各项财产物资和结算款项进行重点抽查、轮流清查或者定期清查。

第二十一条　企业在编制财务会计报告前，除应当全面清查资产、核实债务外，还应当完成下列工作：

（一）核对各会计账簿记录与会计凭证的内容、金额等是否一致，记账方向是否相符；

（二）依照本条例规定的结账日进行结账，结出有关会计账簿的余额和发生额，并核对各会计账簿之间的余额；

（三）检查相关的会计核算是否按照国家统一的会计制度的规定进行；

（四）对于国家统一的会计制度没有规定统一核算方法的交易、事项，检查其是否按照会计核算的一般原则进行确认和计量以及相关账务处理是否合理；

（五）检查是否存在因会计差错、会计政策变更等原因需要调整前期或者本期相关项目。

在前款规定工作中发现问题的，应当按照国家统一的会计制度的规定进行处理。

第二十二条　企业编制年度和半年度财务会计报告时，对经查实后的资产、负债有变动的，应当按照资产、负债的确认和计量标准进行确认和计量，并按照国家统一的会计制度的规定进行相应的会计处理。

第二十三条　企业应当按照国家统一的会计制度规定的会计报表格式和内容，根据登记完整、核对无误的会计账簿记录和其他有关资料编制会计报表，做到内容完整、数字真实、计算准确，不得漏报或者任意取舍。

第二十四条　会计报表之间，会计报表各项目之间，凡有对应关系的数字，应当相互一致；会计报表中本期与上期的有关数字应当相互衔接。

第二十五条　会计报表附注和财务情况说明书应当按照本条例和国家统一的会计制

度的规定，对会计报表中需要说明的事项作出真实、完整、清楚的说明。

    第二十六条 企业发生合并、分立情形的，应当按照国家统一的会计的制度规定编制相应的财务会计报告。

    第二十七条 企业终止营业的，应当在终止营业时按照编制年度财务会计报告的要求全面清查资产、核实债务、进行结账，并编制财务会计报告；在清算期间，应当按照国家统一的会计制度的规定编制清算期间的财务会计报告。

    第二十八条 按照国家统一的会计制度的规定，需要编制会计报表的企业集团，母公司除编制某个别会计报表外，还应当编制企业集团的合并会计报表。企业集团合并会计报表，是指反映企业集团整体财务状况、经营成果和现金流量的会计报表。

第四章　财务会计报告的对外提供

    第二十九条 对外提供的财务会计报告反映的会计信息应当真实、完整。

    第三十条 企业应当依照法律、行政法规和国家统一的会计制度有关财务会计报告提供期限的规定，及时对外提供财务会计报告。

    第三十一条 企业对外提供的财务会计报告应当依次编定页数，加具封面，装订成册，加盖公章。封面上应当注明：企业名称、企业统一代码、组织形式、地址、报表所属年度或者月份、报出日期，并由企业负责人和主管会计工作的负责人、会计机构负责人（会计主管人员）签名并盖章；设置总会计师的企业，还应当由总会计师签名并盖章。

    第三十二条 企业应当依照企业章程的规定，向投资者提供财务会计报告。国务院派出监事会的国有重点大型企业、国有重点金融机构和省、自治区、直辖市人民政府派出监事会的国有企业，应当依法定期向监事会提供财务会计报告。

    第三十三条 有关部门或者机构依照法律、行政法规或者国务院的规定，要求企业提供部分或者全部财务会计报告及其有关数据的，应当向企业出示依据，并不得要求企业改变财务会计报告有关数据的会计口径。

    第三十四条 非依照法律、行政法规或者国务院的规定，任何组织或者个人不得要求企业提供部分或者全部财务会计报告及其有类数据。违反本条例规定，要求企业提供部分或者全部财务会计报告及其有关数据的，企业有权拒绝。

    第三十五条 国有企业、国有控股的或者占主导地位的企业，应当至少每年一次向本企业的职工代表大会公布财务会计报告，并重点说明下列事项：

（一）反映与职工利益密切相关的信息，包括：管理费用的构成情况，企业管理人员工资、福利和职工工资、福利费用的发放、使用和结余情况，公益金的提取及使用情况，利润分配的情况以及其他与职工利益相关的信息；

（二）内部审计发现的问题及纠正情况；

（三）注册会会师审计的情况；

（四）国家审计机关发现的问题及纠正情况；

（五）重大的投资、融资和资产处置决策及其原因的说明；

（六）需要说明的其他重要事项。

第三十六条　企业依照本条例规定向有关各方提供的财务会计报告，其编制基础、编制依据、编制原则和方法应当一致，不得提供编制基础、编制依据、编制原则和方法不同的财务会计报告。

第三十七条　财务会计报告须经注册会计师审计的，企业应当将注册会计师及其会计师事务所出具的审计报告随同财务会计报告一并对外提供。

第三十八条　接受企业财务会计报告的组织或者个人，在企业财务会计报告未正式对外披露前，应当对其内容保密。

第五章　法律责任

第三十九条　违反本条例规定，有下列行为之一的，由县级以上人民政府财政部门责令限期改正，对企业可以处3000元以上5万元以下的罚款；对直接负责的主管人员和其他直接责任人员，可以处2000元以上2万元以下的罚款；属于国家工作人员的，并依法给予行政处分或者纪律处分：

（一）随意改变会计要素的确认和计量标准的；

（二）随意改变财务会计报告的编制基础、编制依据、编制原则和方法的；

（三）提前或者延迟结账日结账的；

（四）在编制年度财务会计报告前，未按照本条例规定全面清查资产、核实债务的；

（五）拒绝财政部门和其他有关部门对财务会计报告依法进行的监督检查，或者不如实提供有关情况的。

会计人员有前款所列行为之一，情节严重的，由县级以上人民政府财政部门吊销会计从业资格证书。

第四十条　企业编制、对外提供虚假的或者隐瞒重要事实的财务会计报告，构成犯罪的，依法追究刑事责任。

有前款行为，尚不构成犯罪的，由县级以上人民政府财政部门予以通报，对企业可以处 5000 元以上 10 万元以下的罚款；对直接负责的主管人员和其他直接责任人员，可以处 3000 元以上 5 万元以下的罚款；属于国家工作人员的，并依法给予撤职直至开除的行政处分或者纪律处分；对其中的会计人员，情节严重的，并由县级以上人民政府财政部门吊销会计从业资格证书。

第四十一条 授意、指使、强令会计机构、会计人员及其他人员编制、对外提供虚假的或者隐瞒重要事实的财务会计报告，或者隐匿、故意销毁依法应当保存的财务会计报告，构成犯罪的，依法追究刑事责任；尚不构成犯罪的，可以处 5000 元以上 5 万元以下的罚款；属于国家工作人员的，并依法给予降级、撤职、开除的行政处分或者纪律处分。

第四十二条 违反本条例的规定，要求企业向其提供部分或者全部财务会计报告及其有关数据的，由县级以上人民政府责令改正。

第四十三条 违反本条例规定，同时违反其他法律、行政法规规定的，由有关部门在各自的职权范围内依法给予处罚。

第六章 附　　则

第四十四条 国务院财政部门可以根据本条例的规定，制定财务会计报告的具体编报办法。

第四十五条 不对外筹集资金、经营规模较小的企业编制和对外提供财务会计报告的办法，由国务院财政部门根据本条例的原则另行规定。

第四十六条 本条例自 2001 年 1 月 1 日起施行。

会计档案管理办法

财会字〔1998〕32号

第一条 为了加强会计档案管理，统一会计档案管理制度，更好地为发展社会主义市场经济服务，根据《中华人民共和国会计法》和《中华人民共和国档案法》的规定，制定本办法。

第二条 国家机关、社会团体、企业、事业单位、按规定应当建账的个体工商户和其他组织（以下简称各单位），应当依照本办法管理会计档案。

第三条 各级人民政府财政部门和档案行政管理部门共同负责会计档案工作的指导、监督和检查。

第四条 各单位必须加强对会计档案管理工作的领导，建立会计档案的立卷、归档、保管、查阅和销毁等管理制度，保证会计档案妥善保管、有序存放、方便查阅、严防毁损、散失和泄密。

第五条 会计档案是指会计凭证，会计账簿和财务报告等会计核算专业材料，是记录和反映单位经济业务的重要史料和证据。

具体包括：

（一）会计凭证类：原始凭证，记账凭证、汇总凭证，其他会计凭证。

（二）会计账簿类：总账，明细账，日记账，固定资产卡片，辅助账簿，其他会计账簿。

（三）财务报告类：月度、季度、年度财务报告，包括会计报表、附表、附注及文字说明，其他财务报告。

（四）其他类：银行存款余额调节表，银行对账单，其他应当保存的会计核算专业资料，会计档案移交清册，会计档案保管清册，会计档案销毁清册。

第六条 各单位每年形成的会计档案，应当由会计机构按照归档要求，负责整理立卷，装订成册，编制会计档案保管清册。

当年形成的会计档案，在会计年度终了后，可暂由会计机构保管一年，期满之后，应当由会计机构编制移交清册，移交本单位档案机构统一保管；未设立档案机构的，应当在会计机构内部指定专人保管。出纳人员不得兼管会计档案。

移交本单位档案机构保管的会计档案，原则上应当保持原卷册的封装。个别需要拆封重新整理的，档案机构应当会同会计机构和经办人员共同拆封整理，以分清责任。车船使用税按年征收、分期缴纳。纳税期限由省、自治区、直辖市人民政府确定。

第七条　各单位保存的会计档案不得借出。如有特殊需要，经本单位负责人批准，可以提供查阅或者复制，并办理登记手续。查阅或者复制会计档案的人员，严禁在会计档案上涂画、拆封和抽换。

各单位应当建立健全会计档案查阅、复制登记制度。

第八条　会计档案的保管期限分为永久、定期两类。

定期保管期限分为3年、5年、10年、15年、25年5类。

会计档案的保管期限，从会计年度终了后的第一天算起。

第九条　本办法规定的会计档案保管期限为最低保管期限，各类会计档案的保管原则上应当按照本办法附表所列期限执行。

各单位会计档案的具体名称如有同本办法附表所列档案名称不相符的，可以比照类似档案的保管期限办理。

第十条　保管期满的会计档案，除本办法第十一条、规定的情形外，可以按照以下程序销毁：

（一）由本单位档案机构会同会计机构提出销毁意见，编制会计档案销毁清册，列明销毁会计档案的名称。

卷号、册数、起止年度和档案编号、应保管期限、已保管期限、销毁时间等内容。

（二）单位负责人在会计档案销毁清册上签署意见。

（三）销毁会计档案时，应当由档案机构和会计机构共同派员监销。国家机关销毁会计档案时，应当由同级财政部门、审计部门派员参加监销。财政部门销毁会计档案时，应当由同级审计部门派员参加监销。

（四）监销人在销毁会计档案前，应当按照会计档案销毁清册所列内容清点核对所要销毁的会计档案了销毁后，应当在会计档案销毁清册上签名盖章，并将监销情况报告本单位负责人。

第十一条　保管期满但未结清的债权债务原始凭证和涉及其他未了事项的原始凭证，不得销毁，应当单独抽出立卷，保管到末了事项完结时为止。单独抽出立卷的会计档案，应当在会计档案销毁清册和会计档案保管清册中列明。

正在项目建设期间的建设单位，其保管期满的会计档案不得销毁。

第十二条 采用电子计算机进行会计核算的单位，应当保存打印出的纸质会计档案。

具备采用磁带、磁盘、光盘、微缩胶片等磁性介质保存会计档案条、件的，由国务院业务主管部门统一规定，并报财政部、国家档案局备案。

第十三条 单位因撤销、解散、破产或者其他原因而终止的，在终止和办理注销登记手续之前形成的会计档案，应当由终止单位的业务主管部门或财产所有者代管或移交有关档案馆代管，法律、行政法规另有规定的，从其规定。

第十四条 单位分立后原单位存续的，其会计档案应当由分立后的存续方统一保管，其他方可查阅、复制与其业务相关的会计档案；单位分立后原单位解散的，共会计档案应当经各方协商后由其中一方代管或移交档案馆代管，各方可查阅、复制与其业务相关的会计档案。

单位分立中未结清的会计事项所涉及的原始凭证，应当单独抽出由业务相关方保存，并按规定办理交接手续。

单位因业务移交其他单位办理所涉及的会计档案，应当由原单位保管，承接业务单位可查阅、复制与其业务相关的会计档案，对其中未结清的会计事项所涉及的原始凭证，应当单独抽出由业务承接单位保存，并按规定办理交接手续。

第十五条 单位合并后原各单位解散或一方存续其他方解散的，原各单位的会计档案应当由合并后的单位统一保管；单位合并后原各单位仍存续的，其会计档案仍应由原各单位保管。

第十六条 建设单位在项目建设期间形成的会计档案，应当在办理竣工决算后移交给建设项目的接受单位，并按规定办理交接手续。

第十七条 单位之间交接会计档案的，交接双方应当办理会计档案交按手续。

移交会计档案的单位，应当编制会计档案移交清册，列明应当移交的会计档案名称、卷号、册数，起止年度和档案编号、应保管期限、已保管期限等内容。

交接会计档案时，交接双人应当按照会计档案移交清册所列内容逐项交接，并由交接双方的单位负责人负责监交。交接完毕后、交接双方经办人和监交人应当在会计档案移交清册上签名或者益章。

第十八条 我国境内所有单位的会计档案不得携带出境。驻外机构和境内单位在境外设立的企业（简称境外单位）的会计档案，应当按照本办法和国家有关规定进行管理。

第十九条　预算、计划，制度等文件材料，应当执行文书档案管理规定，不适用本办法。

第二十条　各省、自治区，直辖市人民政府财政部门、档案管理部门，国务院各业务主管部门，中国人民解放军总后勤部，可以根据本办法的规定，结合本地区、本部门的具体情况，制定实施办法，报财政部和国家档案局备案。

第二十一条　本办法由财政部负责解释，自1999年1月1日起执行。

1984年6月1日财政部、国家档案局发布的《会计档发管理办法》自本办法执行之日起废止。